Werner Helwig · Isländisches Kajütenbuch

WERNER HELWIG

Isländisches Kajütenbuch

LIMES VERLAG

Durchgesehene Neuausgabe

Druck: Jos. C. Huber, Dießen
Umschlagentwurf: Nick Hermanns, München
Printed in Germany
ISBN 3-8090-2200-4

„und der das jetzt erzählt hat,
dem ist der Mund noch warm.“

GRIMMS MÄRCHEN

ERSTER TEIL

KAJÜTEN-GESPRÄCHE

ERSTES KAPITEL

Wir saßen am Bug auf einer weißgestrichenen Kiste und starrten in das sich vertiefende Licht des Nordens. Ich erzählte Kirsten Michelsen ein wenig zu viel von mir. Das hatte Folgen. Man erschreckt ein junges Mädchen nicht ungestraft. Sie hatte eine hohe, vorgewölbte Kinderstirn und schlicht gescheiteltes kurzes Haar. Sie war leicht geschminkt, was ihrer großen Jugend eine etwas sündhafte Lieblichkeit verlieh. Ihre Hände, das merkte ich, als ich sie festhielt, waren weich, rund und klein. Ich lernte sie gut kennen zwischen Dünkirchen und Esbjerg. In Esbjerg wurde sie von ihren Eltern abgeholt. Sie fuhr nach Kopenhagen, genau wie ich. Am nächsten Tag schon wollten wir uns wiedertreffen. Aber sie hat mich versetzt.

Um so zuverlässiger war Mister Brygg. Er stand direkt vor meinem Abteil, als ich in Kopenhagen ausstieg. Er hatte ein Zimmer, Essen, Bier und Tabak für mich bereit. Nichts fehlte.

Sein behagliches Grinsen ließ mich Kirsten fast vergessen. Mit dem verstehenden Wohlwollen eines Weihnachtsmannes beurteilte er meinen Fall. Dem gemeinsamen Gelächter steht nun nichts mehr im Wege.

Es ist Juni, und in der Nacht meiner Ankunft war der Mond voll und fertig. Mit ihm schmelzen jetzt die Tage ab, die uns vom endgültigen

Aufbruch nach Island trennen. Ich schlendere in Kopenhagen umher. In der Stadt ist viel Wind. Alle Leute fahren auf schwarzen alten Rädern. Die Mädchen haben Sommerkleider an. Auch sie fahren auf diesen schwarzen, alten Rädern durch die Straßen. Der Kopenhagener Wind bläst ihnen die leichten Kleidchen über die nackten, langen Beine empor. Sie tun nicht viel dagegen. Es ist angenehm, an den Straßenkreuzungen zu stehen. Vielleicht gibt es hier eine Übereinkunft, nicht hinzusehen. Wir fanden aber, die Kopenhagener hätten muntere Augen. Ja, diese Stadt fällt auf durch ihre vielen, honiggoldenen Mädchen. Das Herz geht um einen Schlag schneller.

Brygg hat mich in einer kleinen Pension am Dosseringen einquartiert. Vor dem Fenster meines Zimmers ist ein Wasserlauf, von grünen Anlagen eingefaßt. An die Wand gleich hinter meinem Bett stößt das offizielle Waschkabinett. Viele junge Däninnen wohnen auf dem gleichen Flur mit mir. Ich entziffere an den Türen die Visitenkarten mit ihren hübschen Namen: Inga, Hoiriis, Birthe, Signe. Nachts, wenn sie aus den Kinos nach Hause kommen, liege ich wach und lese. In kurzen Abständen trippeln Füße über den Korridor. Der Riegel des Kabinetts schnappt. Etwas raschelt. Man wäscht sich. Die Hände. Den Oberkörper. Die Füße. Nach drei Nächten konnte ich bereits die verschiedenen Manipulantinnen am Geräusch unterscheiden. Jetzt habe ich ein freigewordenes Zimmer am anderen Ende des Flurs bezogen. Man soll sich nicht unnötig aufregen.

Eine Beschwerde ist mir zugekommen durch die Vermittlung Bryggs. Ich soll bei Birthe meine Visitenkarte unter die Tür geschoben haben. Ich beteure meine Unschuld. Er reicht mir die Karte. Sie ist sogar beschriftet: „uralt, gebrochen, sucht Stellung als Strumpfhochzieher". Die Handschrift ist von mir, gestehe ich mit schwacher Stimme, „aber der Text nicht".

Um die Entdeckung Islands durch uns noch etwas hinauszuzögern, haben wir eine Hemmung eingeschoben. Sie ist als Vorübung und Abhärtung gedacht. Das Verliegen in bürgerlicher Tätigkeit hat uns beide nämlich etwas angeweicht. Es ist also geplant, mit Mister Bryggs Wagen von Malmö aus Schweden und Norwegen anzukreuzen. Das Ziel ist Bergen, wo wir an Bord eines Islandschiffes gehen werden. Die Plätze sind telegraphisch belegt.

Heiter, lustig, lustig, heiter, das ist die Sprache der Kirchenglocken in Kopenhagen. Ich sitze zurückgelehnt in einer kleinen Frühstücksstube und habe 4 Räucherheringe, 5 Scheiben rohen Schinken, 5 Tomaten, 7 Stück Knäckebrot und zwei Flaschen Tuborgöl im Leibe. Das Bier ist hier wirklich sehr gut.

Mir gegenüber sitzt ein weißblonder Mann. Er mag 25 Jahre alt sein. Auf seinem Gesicht hat sich die Zeit nicht eingezeichnet. Er ist unvermindert Kind geblieben. Zwischen den runden Lippen hängt ihm eine schwarze Zigarre. Er nippt Kaffee zwischen den Zügen. Sechs Stück Zucker hat er in die Tasse geworfen. Das ist dänisch.

Ich erhebe mich unauffällig und gehe hinaus. Es wird Zeit, daß wir reisen.

Manchmal denke ich an Paris zurück, diese grausilberne Druse. Die Vielfalt rasend bewegten Metalls in seinen Straßen wird auch in der Nacht nie still. Ganz ruhig wachsen die Erzadern im Leibe der Erde. Wir befreien sie zu dieser unfreiwilligen Turbulenz. Oder wirkt in diesen Stoffen ein Wunsch, an Tag zu kommen und als Blech, Eisen, Stahl, als Schiene und als Fahrzeug und als Waffe verschlissen zu werden? Das bleibt unermittelbar.

Eine Bulldoggenschnauze hatte der Omnibus, der mich nach Notre Dame führte. Um „Unsere Dame“ dreht sich ganz Paris, ganz Frankreich, die ganze Welt. Es ist sicher nur vorübergehend, daß zur Zeit die Politiker den Vorrang haben. Unsere Dame aber ist von Innen ganz schwarz. Voll rauchigen Dunkels. Ich opferte, als ich das

Symbol verstanden hatte, einen dicken Wachsstock vor der Großen Mutter. Ihre holzgeschnitzte Lieblichkeit war vom Menschen dem Menschen abgelauscht. Das Licht, durch dunkelbunte Fenster gesiebt, machte ein Bild in meinem Herzen. Sehr erstaunt blickte ich in den Abgrund einer vollkommenen Geometrie.

Im Louvre, später, sah ich mir endlich einmal die Mona Lisa an. Sie trägt das Gesicht unserer Dame, um die sich alles dreht. Die Kirchenfenster waren auch auf dem Bild, nur in eisgrüne Landschaft auseinander gefaltet. Gegenüber Mona Lisa hängt ihr Spiegelbild, verdreifacht. Maria auf dem Schoß ihrer Mutter Anna, spielend mit dem Kind zu ihren Füßen. Es ist das selbe Lächeln. Steht man zwischen beiden Tafeln, schließt sich unversehens der Raum. Die eisgrüne Landschaft ründet sich einem ums Herz. Riegelt es kühl gegen die Wirklichkeit ab. Die Linien der Landschaft ziehen sich nach vorn zum Gesicht zusammen. Dort entsteht das Lächeln.

Im Keller des Louvre liegt Ägypten. Auch dort eine Erscheinung der Mutter. Eine Hockende aus Granit. Ein Tor zwischen ihren geöffneten Knien. Im Tor erscheint die Gottheit. Sie schreitet zielerblickend hervor. Mit zielgeschärften Füßen, zielgestreckten Händen, strenge ausgerichtetem Antlitz. – Die Vielfalt rasend bewegten Metalls wird auf Erden auch in der Nacht nicht still.

Wer ist Mister Brygg? Das muß festgestellt werden, bevor ich fortfahre, unsere Unternehmung mit meinen Aufzeichnungen zu begleiten. Brygg ist Amerikaner. Ich kenne ihn seit zwanzig Jahren. Mir erscheint er als einer, der die Ergänzungen seiner Gestalt auf der ganzen Welt zusammensucht. Kein Zweifel: er handelt in dem Zwang, sich zu sammeln. Jede Handlung ruft einer Gegenhandlung. Während er sich sammelt, verstreut er sich zugleich. Überall sind Bauwerke von ihm übrig geblieben: Brücken. Stahlkonstruktionen. Seine Freunde, und er hat deren viele, finden das nennenswert. Er nicht.

Neuestens hat er sich ein Hobby zugeeignet: die Angelfischerei. Durch sie und nichts anderes ist ihm Island bedeutend geworden.

Über mich hingegen ist nichts Rühmliches zu melden. Meine Selbstbegegnungen vollziehen sich im Weibe. Doch mißlingt dies meist. Im Kielwasser Bryggs und unserer gemeinsamen Kameraden ist meine Funktion die des Biographen.

Morgen sind wir fahrbereit. Wir nehmen noch einmal alle Sachen durch, die wir einpacken wollen. Eine besondere Rolle spielt natürlich Mister Bryggs Angelgerät. Es kommt zuletzt dran. Es ist Nachmittag. Wir sind ganz allein in der kleinen Pension am Dosseringen. Wir sitzen gemütlich in den Klubsesseln des Salons. Die Reisedinge sind im Halbkreis vor unseren Füßen angeordnet. Gummistiefel, Zeltplane, bunte Hemden, Socken, Waschzeug. Alles stimmt zueinander. Wir sind zufrieden. Rucksäcke und Koffer halten das Maß. Mit zögernden Händen stopft Brygg sich die braune Pfeife. Das Feuerzeug blitzt auf. Die Stunde stimmt ihn zur Rede.

„Hardy-Patent", dozierte er und löste eine zusammengelegte Stange aus ihrem Wachstuchfutteral. „Ich habe Dutzende von Katalogen durchforscht", fährt er fort, „ehe ich das für mich passende Modell fand. Und dann habe ich das Gerät nach Maß, Gewicht und Länge für meine Größe passend bestellt. Was dabei herausgekommen ist, siehst du hier. – Bambusstange Palakona, das Leichteste, was es gibt im Verhältnis zur Größe."

Er schraubte die Teile des Gerätes zusammen und hielt es mir unter die Augen. Sprach: „Die Messinghülsen saugen sich luftdicht im Schraubengang fest. Die drei Teile werden zur Einheit. Obwohl stählerne Stäbe durch den Bambus gezogen sind, erscheint alles wie gewachsen."

Ich wog die Angelstange auf den Fingerspitzen und stellte bewundernd ihre Leichtigkeit fest, ihre knochenglatte Härte, den dunklen Glanz ihres Lacks. „Nimm sie ganz in die Hand", sagte Brygg. „Fühlst du, wie dein Pulsschlag bis in die Spitze durchvibriert?"

Ich konnte auch das bestätigen. Er tat zufriedene Züge aus der Pfeife, ließ genießerisch das Augenlid sinken, wippte mit der Stange und fuhr fort: „Gespalten wurde dieser echt indische Bambus, gehobelt, poliert und gefirnißt. In langem Arbeitsgang von Meistern für Meister geschaffen. Diese nur 100 Gramm schwere Peitsche ist imstande, ihr eigenes Gewicht vielhundertfältig zu besiegen. Du kannst 50 Pfund damit landen."

Ich zog die Augenbrauen verständnisvoll zusammen, machte ein wissendes Gesicht und wakkelte mit dem Kopf. Sichtlich ermuntert fuhr Brygg zu sprechen fort: „Fühle ich diese Gerte zwischen den Fingern, löst sich mein ganzes Wesen in Jagdbehagen auf."

Er ließ beweisend die Stange durch die Luft weinen. Ich sah ängstlich nach den Gläsern auf der Anrichte.

„Siehst du", erläuterte er weiter, „wie sie ruhlos vibriert? Sie verlangt nach Gespanntsein durch die Schnur. Und diese Schnur, sie ist auch wieder so eine Sache für sich. Nach einem besonderen Ritus gesponnen, mit genau ermitteltem Gewicht und ausprobierter Dichte."

Er klemmte eine Stahlkurbel am Griff der Rute fest, zog die Schnur durch die Stockringe bis zur Spitze durch.

„Der oberste und der unterste Ring ist mit

Achat ausgelegt", zeigte er mir. Ich betrachtete angestrengt die dünnen gelben Steinreifen in der Metallfassung der Ringe. – Er fügte eine aus bunten Federn geradezu künstlerisch geformte Lockfliege ins Vorfach der Schnur und spannte die Rute, indem er mittels der Kurbel die Schnur stramm anzog.

„Jetzt kommt sie zur Ruh", flüsterte er hingebungsvoll und zeigte mit der fertig zugerüsteten Angelstange in die Westecke des Salons. Ich blickte gedankenlos dorthin und sah die Uhr, die auf fünf stand.

„Es ist die Kunstfliege ‚Silberwind'", hörte ich ihn neben mir sagen. Es war heiß und ich war durstig. Jetzt erkannte ich mit angemüdeten Sinnen, daß er die Fliege Silberwind über den Teppich tanzen ließ. Sie hüpfte, von Brygg mit kurzen, nervigen Rucken geleitet, über das dichte Flauschhaar des Teppichs, das vor seiner Einbildung zum strömenden, rauschenden Fischwasser wurde, bis sich der Köder verfing. Blitzäugig, mit der Ruhe der Erfahrenheit, landete mein Freund den Fang, einen anderthalb Pfund schweren Lederschuh. Aufatmend löste er ihn vom Haken, warf ihn lässig, eine erlegte Beute, vor meine Füße.

„Meine Waffe", rief er angeregt, „für mich allein gemacht. Oft frage ich mich, liegt der Sinn der Jagd in ihr oder in mir. Was wäre ich ohne sie."

Er stopfte mit seinen zögernden Händen eine frische Pfeife. „Wenn ich gestorben bin“, sagte er, indem er die Flamme in das Tabakkraut hinabzog, „soll man mir diese Fischstange mitgeben. Denn, bei Gott, was soll ich am Styx anderes tun als fischen?“

Es müssen noch einige Bemerkungen über Bryggs alten Studebaker gemacht werden. Der Wagen könnte mit uns zugleich Geburtstag feiern. Er sieht aus wie ein gefleckter Terrier. Hochbeinig, mit spitzer Schnauze. Er wedelt beim Fahren mit dem ganzen Hinterteil. Man sitzt starr aufgerichtet auf seinen abgewetzten Polstern. Nach einigen Stunden Fahren fängt einem der Kopf über dem aufgetriebenen Brustkopf gefährlich an zu schwanken. Es ist wie ein unaufhörliches Ja-Ja-Nicken. Unbequemer können Königsthrone auch nicht sein. Das Steuerrad hält man zwischen verkrampften Fingern wie ein vollbeladenes Kaffeetablett. Die Füße stolpern über das Hebelwerk.

Trotzdem ist es ein ausgezeichneter Wagen. Und wenn Mister Brygg den harten grauen Reisehut mit dem schwarzen Hutband aufsetzt und in die Maschinerie seines Motors eingreift, kommt niemand in Versuchung zu lachen. Man versteht dann, daß er und der Wagen durch und durch Amerikaner sind.

Mit zögernden Fingern drückt er den Gummiball der Hupe. Ein peinliches Geräusch erschallt, furchtgebietend. Es gibt kein Huhn, das davor nicht zusammenschräke und eilends das Weite suchte. Brygg sieht ihm mit gesenktem Augenlid nach. Seine Pfeife funktioniert als Schornstein dieser kleinen Blechlokomotive.

ZWEITES KAPITEL

In der Heck-Klappe haben wir unser Gepäck verstaut und sitzen nun hinter der gesprungenen Windschutzscheibe mit nickenden Köpfen und jenem schönen Gleichmut, den das Fahren erzeugt.

Der ganze Reisebeginn liegt bereits hinter uns. Wir haben die Fähre von Kopenhagen nach Malmö überwunden, ohne auszurutschen. Jetzt wirbeln wir den weißen Staub der schwedischen Straßen auf. Der Himmel ist blau wie eine Fahne.

Wir sind den ganzen Tag an der schwedischen Südküste entlanggeholpert, ohne daß etwas geschah. Göteborg, Uddevalla liegen hinter uns. Ferienfahrer in hocheleganten Limousinen grinsten im Vorbeigleiten unsern Wagen an.

Brygg schob wiederholt kraulend vom Nacken

her seinen steifen Hut nach vorn in die Stirn. Er bediente den Volant mit der Gepflegtheit eines Pianisten.

Die Steinzeitprovinz Bohuslän nahm uns zur Übernachtung in eines ihrer kleinen Gasthäuser auf. Wir hatten Gelegenheit, zwei Stunden lang zu soupieren. Wir sind beide leidenschaftliche Esser. Und wir lernen gerne immer noch dazu, was Küche betrifft.

Es ist unsere Gepflogenheit, der eigentlichen Speise-oper ein Präludium aus Muscheln oder Krabben voranzusetzen. Weiches frisches Weißbrot dazu und einen Schluck Aquavit. Dann folgen zwei, drei hauchdünne Scheiben geräucherten Lachses, begleitet von weichgekochten Eiern, die ihre ganze Hitze noch in sich haben müssen. Das Ei in der Serviette haltend, trennen wir seine Spitze mit einem Sensenhieb des Messers ab, würzen sein gelbes Auge mit Senf und Butter. Das sind die Auftaktmomente, die Gaumen und Magen auf das Kommende abstimmen. Steht uns die Zeit zur Verfügung, legen wir jetzt die erste kleine Pause ein mit einer Schale ungesüßten Mokkas und selbstgedrehten Zigaretten aus dem vorzüglichen Bright Birds Eye von Zwartendijk Brothers in Rotterdam.

Alsdann nehmen wir gewöhnlich ein Roastbeef zu uns, von guter Größe, schwach gebräunt, schwach gepfeffert, innen rot. Kartoffeln, in der

Schale gebacken, tupfen den Fleischsaft auf und polstern locker den Magen. Alles, was ferner verzehrt wird, fällt in diese schlichte Grundierung. Es kann sich da um Gemüse handeln, die wir vorzugsweise roh, als Salat zubereitet, zu uns nehmen. Scharfe Fischmayonnaisen, in kleinen Portionen auf beifahrenden Tellern, rütteln den Appetit von neuem auf. Die Tafel soll der Palette des Malers gleichen. Die Eßgeräte sind die auftragenden Pinsel. Die Komposition aber entsteht im Inneren. Gesteigerte Freude zeigt an, ob man gut gearbeitet hat. Für uns ist damit der Moment gekommen, zu einer dünnen Schinkenomelette überzugehen. Tunlichst punktieren wir den Genuß durch ein Glas Bier. Geschirrwechsel erscheint jetzt angebracht. Denn wir gehen zu Brot und Käse über. Das erstere wähle man möglichst kroß, ungesalzen, dunkel, das letztere weiß, scharf und mehlig. Keine flüssigen Käse und keine Butter, bitte sehr. Die Vorkommen müssen sorgfältig geprüft werden. Der braune, mehlige, süßliche norwegische Ziegenkäse, mit dem Käsehobel dünn wie Zigarettenpapier vom Block geschlitzt, ist auch zu empfehlen. Das Mehlige und Trockene ruft geradezu einer Schale Kaffee, dessen Stärke mit Sahne und Zucker zu glätten ist. Nach den drei, vier gemächlich genossenen Schlucken ist leicht gesüßtes Schaumgebäck zu wählen. Es wirbelt wie Schneeflocken im Gaumen und schließt das

Opus mit einem hellverklingenden Ton ab. Jetzt schlägt die Stunde der Pfeife. Drummond Castle-Tabak, feigenduftig, leicht feucht, vor dem Rauchen ausführlich in der Handfläche geknetet, gerollt, zerbröselt, macht den Moment unvergeßlich, sichert das Behagen, begünstigt die Konzentration auf die Annehmlichkeit, vorhanden zu sein, zu atmen, beschenkt zu sein mit einigen Jahrzehnten Lebens.

Wir sind der Meinung, daß es keine Kriege mehr gäbe, wenn die Menschheit sich auf die Erzeugung schmackhafter Nahrung und die Kunst ihrer Zubereitung konzentrieren würde.

Wer gut ißt, der gut lacht.

Wir sind überzeugt, daß alle gut essen könnten, wenn wir das Geld, das für die Kriege ja immer da ist, für eine globale Ökonomie aufwenden würden.

Die entferntesten Feldherren und ihre Massenmorderfolge leben in unserm Gedächtnis, aber dem Urgärtner, der den Holzapfel gezwungen hat, zum Speiseapfel zu werden, hat noch niemand ein Denkmal gesetzt.

Bei diesem Stande der Dinge erhob sich Brygg, durchmaß den Speisesaal, in dem wir uns allein befanden, und ging schwerschrittig zum Radio. Er wollte uns eine heitere Nachtischmusik besorgen. An den Knöpfen spielend, machte er halt auf einem Jodelorchester.

„*Das* . . . hier und mit *dem* im Magen?“ fragte ich leicht entsetzt.

„Ich liebe das Jodeln, weil es die Käsebereitung fördert“, sagte er.

Ich sammelte mein Verstummen um die Augen herum.

„Ja nun“, erklärte er, „diese gekippten und kehligen Töne machen die Milch gerinnen.“

„Jetzt mußt du mir noch sagen, daß die Löcher im Emmentaler Jodelrückstände sind.“

„Der Zusammenhang ist unschwer zu erraten“, meinte er.

Wir lauschten rauchend.

Der Mangel an Bleistiften muß sich zur Zeit unserer Urväter empfindlich ausgewirkt haben. Man war darauf angewiesen, seine Tagebuchnotizen in Stein zu hauen. Ein mühsames Unterfangen, wenn man die Felsbilder von Bohuslän in Betracht zieht. Zwar ist die Haltbarkeit solcher Mitteilungen unbegrenzt, aber im Verhältnis zur aufgewandten Arbeit, welch geringer Erfolg.

Wir sahen auf den von der reisigen Eiszeit glattgeschliffenen Granitpolstern des weithin erstreckten Heidegeländes mannslange Schiffe eingehauen. Ferner Kreise und merkwürdige Radkreuze. Auch jene müssen schon komplizierten Geistes gewesen sein, denn ihre Versuche, das Entgleitende geometrisch zu bannen, sind überzeugend.

Unser Studebaker stand fern am Weg, hochbeinig, leblos, mit einer Physiognomie von Verlassenheit. Was ist er ohne uns? Und was ist er, gemessen an diesen Steinschiffen der Urväter?

In dieser gedrungenen Wildnis zwischen den Dörfern Gräbbestedt und Tanum fühlten wir die betonte Langsamkeit der verflossenen Zeiten, ihr zähes Bohren im Unbekannten, ihre astrologische Karussellfahrt um sich selbst. Schwere Dolmen, Rautasteine, kindlichernste Labyrinthspiele mit Steinsetzungen. Wahrlich, wir haben mit der Eile eine neue Potenz in die Welt gebracht. Sie ist nicht besser geworden dadurch, aber ich glaube, etwas leichter, etwas erträglicher, nicht ganz so graniten, grabrund, Totenhügelartig wie die Urzeit von Bohuslän.

Wir sind 7 Uhr abends in Swinesund eingelaufen, dem kleinen schwedischen Grenzort. Gegenüber liegt Norwegen. Eine schmale Wasserzunge drängt sich als augenfällige Markierung dazwischen. Wir haben den Studebaker unten stehen lassen. Er wartet auf die Fähre, die grade abfuhr, als wir kamen.

Wir indessen sehen uns zwischen den paar roten, weißgesäumten Häusern nach einer Kaffeestube um. Auf einem Hügel stehen Bank, Tisch und Stuhl, gelbgestrichen. Ein Flaggenmast ragt empor. Wir bestellen im Haus und klettern hinauf zu jenem „Wirtsgarten".

Ein Mädchen bringt das Tablett. Eine Art Obstschale mit silbernem Fuß voll belegter Brötchen. Dazu eine bauchige Kaffeekanne.

Hernach entblößte Brygg zur Feier des Abends sein Haupt, entzündete eine seiner schwarzen Zigarren, klopfte eine kleine Delle in die Rundung seines steifen Hutes, um in altgewohnter Weise seine Asche darin abzustreifen.

„Weißt du noch, wie bei uns der Kult der steifen Hüte anfing", sagte er und knipste liebevoll an den Rand seiner grauen Bedachung.

Ich nickte, ernst beschäftigt mit dem Drehen einer Zigarette.

Das Ereignis, auf das er anspielte, trug sich vor Jahren in Jönköping zu. Wir waren unser sechs auf Reisen. All die guten alten Freunde: Olaf Runshaug, Lovely Peggy, Morten Rymert, Anders Kiär, und wir beide. Vor einem Auktionslokal fiel uns plötzlich ein, den Kostümkoffer einer verkrachten Komödiantengruppe aufzukaufen. Er enthielt durchwegs Biedermeiertrachten, die wir wieder zu Ehren brachten. Unter anderm zwei oder drei glockig steife Diplomatenhüte, graue mit weißem Band und braune mit schwarzem Band. Sie blieben hinfort das verbindliche Abzeichen unserer Gemeinschaft.

Dem ersten steifen Hut Mister Bryggs war übrigens ein entwürdigendes Ende beschieden. Schwedische Industriemagnaten, von denen Brygg einen großen Konstruktionsauftrag erwartete, hatten uns auf ihren Jagdsitz nach Finnmark eingeladen. Telegraphisch angemeldet, wurden wir im Buik auf der einsamen Bahnstation abgeholt. Der Jagdsitz war ein prächtiges Holzhaus im schwedischen Stil. In der Hall wurden wir von einem ungeheuerlichen Gebell empfangen. Zwei riesige Elchhunde, an Klubsessel gefesselt, fingen an, sich wie Schlittengespanne auf uns zu zu bewegen. Wir standen etwas benommen vor den Herren, die, in Jagdjoppen und Stulpenstiefeln, sich stimmungsmäßig ganz auf der Höhe des Verlustes befanden, den die Aquavitflaschen auf dem Rauchtischchen aufwiesen. In gehobener Stimmung pflegen gebildete Schweden deutsch zu sprechen, was ihrer Größe (in Schweden gilt es als vornehm, 1,90 Meter zu messen, und wenn's nicht reicht, zählt man die Zylinderhöhe dazu) keinen Abbruch tut. Unsere Herren begrüßten uns mit Heine „Du bist wie eine Blume . . .“ Die Wirkung des deutschen Geistes über Heine auf das schwedische Gemüt ist nicht abzusehen. Der Hausherr, eine machtvolle Persönlichkeit, brachte uns mit den Worten in Verwirrung: „Ich bin, du bist, er ist, sie ist wie eine Blume, weil sie nach Stockholm zurückgefahren ist.“ Er meinte, wie wir später begriffen, seine Gattin, die dies Männerlager fluchtartig verlassen haben mußte. Um nicht gleich in das Gelage hineingezogen zu werden, flohen wir in die Küche, wo uns die Magd ein wunderliches Mahl aus Kaviar, Käse und eingemachten Multebeeren vorsetzte. Sinn unseres Aufenthaltes war, den Auftrag unter Dach zu bekommen. Insofern ließen wir uns die „Blume", die Elchhunde und die bedrohlichen Flinten gefallen. Brygg hatte damals schon die Gepflogenheit angenommen, Reden nie ohne seinen Zivilhelm zu halten. Hier war nun eine solche, nachdem wir uns in das Gelage hatten ziehen lassen, schon aus diplomatischen Gründen am Platze. Aber jemand von uns war so boshaft, Bryggs Hut zu verstecken. Er fand sich im Ausguß des Waschraumes neben der Küche und verschiedentlich sah man betretene Gesichter von dort zurückkommen. Der Ausguß war nämlich dadurch merkwürdig, daß er mit einem breiten Rohr ohne Zwischenhalt nach unten mündete. Dahinein war Bryggs Hut geklemmt. Als Brygg selber sich mit der Bergung des Gegenstandes beschäftigte, verlor er noch dazu seine Röllchenmanschetten, die sich dann munter im Seifenwasser drehten. Schließlich wurde der Bergführer, der bei den Herren bedienstet war, angewiesen, Ordnung zu schaffen. Er entfernte die Störung vermittels seines Pickels.

Die Rede, die Brygg in seinem geschwächten Zustand startete, war so denkwürdig, daß wir alle sie in Erinnerung behielten. Sie lautete ungefähr so:

„Hohe Herren, Magnaten, Gastgeber, Unternehmer, Freunde. Wenn wir uns zum Trinken setzen, zerfällt die Welt für uns in zwei Teile. Einer, der trinkbar ist –, und der Rest. Aber wenn wir uns an das Dichterwort erinnern ‚Trink, o Auge, was die Wimper hält', so müssen wir uns fragen: Was ist eigentlich nicht trinkbar? Eindrücke, Stimmungen, – Dinge, die uns begeistern, – Wertpapiere, die steigen, – Bauten, die uns überzeugen, – Stahlkonstruktionen, die durch das Maß des Nützlichen, das in ihnen zur Darstellung gelangt, befriedigen . . ."

Weiter kam er nicht, denn der Beifall der Herren, die ungeduldig waren, an die gebratene Bärenkeule heranzukommen, deckte ihn zu. Aber seinen Zweck hatte er erreicht. Den Auftrag bekamen wir.

DRITTES KAPITEL

Die Sicherheit und nervige Kraft seiner Handgelenke zu erproben, hatte Mister Brygg zum erstenmal in Gool Gelegenheit, an einem berühmten Lachsgewässer, hoch oben in Norwegens schwärzlichen Bergen.

Das hochbordige Tal mit seinen dunkelgrün beschlagenen Felsenlehnen war erfüllt von den tausend Sprüchen fallenden Wassers. Es wurde zu einer riesigen Muschelhöhle durch dieses ständige helle Wirbeln und Schmettern. Der Himmel darüber, dünngeschliffen von unspürbaren Winden, war von kühler Unpersönlichkeit. Brygg stand da, bronzenen Antlitzes, die Brauen steil zusammengezogen. Der Mund ein Strich aus Wille und Tatkraft. Die Gerte weinte durch die Luft. Der silberne Spinner trillerte schimmernd durch die bewegten Fluten. Eine Stunde verging ohne Fang, die zweite brach an. Die Dritte näherte sich. Ich ging weit entfernt am Ufer hin und her. Trotzdem schrie Brygg mir zu, ich solle mich gefälligst verziehen. Mein Schatten verscheuche den Fisch. Ich verzog mich.

Der Abendhimmel, grünhell gewässert, ein auseinandergelaufenes Aquarell mit Eisbergen, bezog sich langsam mit sackbraunen Wolkenfetzen. Der Spinner trillerte silbern durchs Wasser. Verbiß sich hinter einigen zerklüfteten Steinblöcken. Ich sah Brygg die Gerte meisterlich hin und her zerren. Die Hände um den Schaft geschlossen, die Arme hochgestreckt, peitschte er das Buchenlaub, das ihn umgab. Die bronzene Gelassenheit in seinen Zügen wich stummer Wut. Er balancierte zwischen den Klippen, ohne im Wildwasser die Stelle des verfangenen Spinners erreichen zu können. Er trat fehl, und das Wasser gurgelte in seine hochmütig umgekrempelten Gummistiefel. Kein Lachs, aber der Fels hatte angebissen. Ich vermied es taktvoll, durch Blick oder Miene das Vergnügen zu bekunden, das ich empfand.

„Ich muß ihn losreißen, es hilft alles nichts", hörte ich ihn endlich seufzen.

„Das gehört dazu", konnte ich mich nicht enthalten, zu sagen.

„Was?" fragte er giftig.

„Das Pech", flüsterte ich eingeschüchtert.

Er schob mit dem Ärmel den Diplomatenhut aus der Stirn und riß die Schnur ab. Leer und leicht pendelte sie in seine Hand zurück.

„Ich wollte schon immer einen neuen Spinner kaufen", sagte er entmutigt, aber gefaßt, als er mit quitschnassen Füßen aufs Ufer stieg. „Der alte war nämlich rostig."

Es gab nur einen Menschen, der wußte, was ihm der Spinner wert war. Das war ich. Und boshaft, wie ich bin, wiederholte ich seinen Gesang: „Schau dir diesen Spinner an. Vernickelt. Federleicht im Wirbel drehbar. Von aufreizendster Form. Jedes Fischauge entzückend." Er antwortete: „Friede seinem Rost."

Wir sind die ganze Nacht durch hoch übers Fjäll Richtung Bergen gefahren. Über Straßen, die vom Krieg her noch aufgewühlt waren, halbfertig in der Wiederherstellung, und die sich über Schotter und Geröll hinweg durch versteinte Almen wanden. Über geflickte Brücken, die Brygg gebaut hatte und deren Zustand er beklagte. Birken blieben als letztes Laub hinter uns zurück. Ringsum lagen flachansteigend die braunlila Bergnacken, krummgezogen, wie die muskulösen Hälse von Pferden, die vor dem Pflug gehen. Schneegefleckt. Mit gespitzten Felsohren, mageren, ausdrucksvollen, gen Norden gekehrten Schädeln.

Wir hatten die karierten Reisedecken um die Beine geschlagen. Bryggs klauenhafte Hände lagen gelb und ruhig auf dem Steuerrad. Im 40-km-Tempo humpelte der brave Studebaker dahin. Der Morgen stieg ohne Übergang aus der wasserhellen Dunkelheit. Nur das Licht, verhüllt, von der Farbe unreifer Zitronen, drängte die halbe Horizontkugel empor und schob ein dünnes Blau vor sich her.

Wir nahmen in Finsen, 1300 m hoch, ein kleines Frühstück ein auf der östlichen Veranda eines Blockhauses. Ei, Milch, brauner, süßlicher Ziegenkäse, sauersüß eingemachter Fisch, und den Kaffee mit einem Schuß Cognac. Ermuntert bestiegen wir wieder unsere Gondel, um abwärts zu runden. Das graue Gestein legte sich uns in

Streifen um die Augen. Täler grünten uns aus verwittertem Kupfer entgegen. Am späten Nachmittag lag Bergen vor unseren Füßen. Meerbenagt; mit gezähnten Fjorden der See an die dunkle Brust gebettet.

Abends sahen wir den getreuen Studebaker am Kran pendeln. Die „Enigheden", ein kleiner Dampfer, der uns nach Island bringen sollte, nahm ihn an Bord. Wir verstauten die Koffer in der Kabine, die nach Schmieröl und grüner Seife stank. Ein kleines Bullauge liegt fast ganz an der Wasserlinie.

In Bergen regnet es nur zweimal im Jahr. Und jedesmal sechs Monate. Auch uns empfing die alte hölzerne Handelsstadt mit Nebel und Rauch.

Wir hatten 48 Stunden Zeit bis zur Abfahrt und trieben uns herum.

VIERTES KAPITEL

Der Fischmarkt erzitterte im Silber ungezählter Schuppenleiber. Armes Leben, das ins Gefressenwerden mündet. Zwischen ölbemantelten Fischhändlern standen die auswählenden Hausfrauen und Mägde. Schläge nassen Holzes trafen auf dumpfblickende Fischhäupter. Glibberige Goldaugen. Samtene, traumlose Pupillen. Eingeweide des Meergetiers häuften sich zu Füßen der Bohlentische. Im Fjordzipfel vor dem Markt lagen die stupfmastigen, braunen Boote. Mit grüner Kiellinie, roter Deckhütte. Bewimpeltes, unentwirrbares Strickzeug der Rahen, Wanten, aufgehängten Netze. Auf den Quais niedrige, kistenförmige Schuppen. Schmutziggelb, regengebleicht und schwarzgeschindelt. Auf ihren Dachfirsten hocken in ganzen Reihen hochbeinige Möven. Graue Mäntel ihrer eingefalteten Schwingen. Ihr Geschrei klingelt in Ketten durch den Hafen hin. Säumt jedes ankommende Schiff. Verbrämt mit weißen, eleganten Fluglinien den niedrigen Himmel.

Ein schläfriger Verkehr tändelt durch die Straßen. Trams, Jeeps, zweirädrige Karren. Und am zweiten Tage unseres Wartens schon wieder Reihenzüge schwarzglänzender Regenschirme. Ölmäntel in allen Farben. Kohlenrauch, schwer geworden von Feuchtigkeit, Fischgestank, Pökelfleischgeruch, lagert sich in jeden windschattigen Winkel. Prickelt in den Nüstern. Erfrischt und benebelt zugleich.

Es ist immer wieder merkwürdig, von den Bergen herunter in Bergen einzufallen. Man hat oben in den Einsamkeiten mehr aufgenommen, als einem bewußt wurde. Und dann zehrt man unten von den Honigwaben der Erinnerungen. Sie durchsetzen den Schlaf. Da ist die Melodie der Verlassenheit jener steinernen Meere. Der Goldregen der Abende, die schwarze Bühne der Nacht mit ihrer atmenden wehenden Leere. Unvergessen der Auftritt des roten Mondes unterm rasenden Applaus der Bergwälder, der schweigenden Ergriffenheit der Granitzinken.

In der Stadt feierte die Handwerkergilde ein Fest. Natürlich hatte Brygg Beziehungen von seinem Brückenbau her. Natürlich wurden wir eingeladen.

Bei Zigarren und trübem Rotwein hockten wir in der Gildenhalle an den alten Zechtischen und feierten die Gesellschaft und die Gesellschaft feierte uns. Jugend und Alter, alles war vermischt und in eine verhalten lärmende Gemütlichkeit getaucht.

Die Unausschöpflichkeit eines Fasses, das auf dem Tisch entspündet wurde, mißfiel uns. Wir gerieten in einen ehrgeizigen Kampf mit den Berufstrinkern. Doch wir hielten Stand. Der weite Balkensaal, dessen Täfelung vom Alter braungebacken war, erfüllte sich mit kräftigem Gelächter. Es quoll aus Türen und Fenstern hinaus in die Regenluft. Das naive Licht von einigen Dutzend Kerzen in hübschen Glaslüstern kam ins Schwanken. Man zechte traditionsgemäß aus alten, zerbeulten Zinnkannen. Ich pochte mit der meinen Silentium und bat um die Erlaubnis, eine Ballade vortragen zu dürfen. Man klatschte mir zu und der Wein hob meine Stimme:

„,Den flyvende Svan' hieß das Schiff
und das Deck war weiß wie der Schnee
Die Maschine wurde mit Butter geschmiert
und im Wasserkessel war Wein.
Aa hei og ho. Aa hei og ho.
　　　　Bleib nur dabei, alter Junge.
　　　　Wir haben's ja miterlebt.
　　　　Auch wenn du schwörst, das war Lüge,
　　　　mein Junge, glauben wir dir aufs Wort.

Da seilten wir nach Ostindien hinab
und kamen unterm Äquator durch.
Und wahrhaftig, ich verpfände mein Wort:
ich sah ihn, denn er war glühend.
Aa hei og ho. Aa hei og ho.
　　　　Bleib nur dabei, alter Junge.
　　　　Wir haben's ja miterlebt.
　　　　Auch wenn du schwörst, das war Lüge,
　　　　mein Junge, glauben wir dir aufs Wort.

Und der Mond scheint durch die Nacht dort unten
grad so heiß, wie die Sonne bei uns.
Und als ich Steuerwache hatte um Mitternacht
da brannte er mir ein Loch in die Mütze.
Aa hei og ho. Aa hei og ho.
　　　　Bleib nur dabei, alter Junge.
　　　　Wir haben's ja miterlebt.
　　　　Auch wenn du schwörst, das war Lüge,
　　　　mein Junge, glauben wir dir aufs Wort."

Der Beifall, den ich erntete, war geteilt. Doch ich hatte auf Dagny Torgaard Eindruck gemacht, Bergens schönste Tochter. Ich tanzte mit ihr, so schlecht ich konnte. Und dann gingen wir vor die Tür, uns die heiße Stirn ein wenig im Regen abspülen zu lassen.

Im Spiegel eines Schaufensters, unterhalb einer lichtmüden Laterne, betrachteten wir uns. Ich sah, daß sie Kirsten Michelsen glich. Nur war sie tiefer von Schwermut verschattet. Ja, ich starrte ihr in die verschatteten Spiegelaugen mit anbetendem Schweigen.

„Warum sprechen Sie nicht?“ fragte sie in die Scheibe hinein.

Ich verdoppelte meine Anstrengung, alles Sprechende in meinen Blick zu legen.

„Kommen Sie“, sagte sie und zog ihre Mantelkapuze über den Kopf, „– bringen Sie mich nach Hause. Sie waren eben noch so lustig, wie kommt es, daß Sie jetzt nichts mehr zu sagen wissen?“

Ich reichte ihr den Arm und wir gingen. Walzertakte schollen aus den offenen Fenstern der Gildenhalle. Ich sah im Vorbeigehen Mister Brygg, der mit hölzernem Heck eine kleine alte Dame herumschwenkte. Auf ihrem Haar nickte ein Kapotthut. Brygg hatte seinen Diplomatenhut auf. Ein Zeichen, daß er sich endgültig auf das Vergnügen eingelassen hatte.

Ich leitete Dagny am Quai entlang und spie

auf das Deck der kleinen Kutter, die unten im Schlaf dümpelten. Ich war immer noch benommen von Dagnys großer Schönheit und suchte mich zu ernüchtern, um meine Unterhaltung so witzig und werbekräftig fortzusetzen, wie ich sie drinnen begonnen hatte. Aber es kam mir nichts Geeignetes über die Lippen. Ich hatte einfach Angst, daß ich sie verscheuchen würde wie Kirsten Michelsen.

Sie sah mich verwundert und lange von der Seite an. Ich spürte ihren Blick und wurde immer starrer. Ich entschädigte mich, indem ich ihren Arm unmäßig preßte. Sie schrie einen leichten, entzückenden Mädchenschrei.

Dann fragte sie mich, was ich von Beruf sei.

„Christbaumschmücker", antwortete ich. Oh, ich konnte es nicht lassen.

„Wie soll man Ihnen denn auf den Grund kommen?" fragte sie ohne Lachen.

„Da werden Sie wohl einen Taucheranzug anziehen müssen", sagte ich. (Ich konnte es nicht lassen.)

„Drinnen in der Halle waren Sie ganz anders", sagte sie nicht ohne Verdrießlichkeit und entzog mir ihren Arm. Ich bebte vor Angst, sie zu verlieren.

„Frieren Sie etwa?" meinte sie ironisch.

„Ich habe meine Pfeife vergessen", sagte ich.

„Jaso", sagte sie, „da bin ich zu Haus." Und sie

fingerte ihre Schlüssel aus der Tasche. „Danke für die Begleitung." Ihre Stimme war dunkel und voll. Ihre Stimme läutete mir ins Ohr. Dann war sie verschwunden, und das Türschloß schnappte.

Das Alleinsein machte mich elend. Ich ging in den Hafen, um die Koje auf der „Enigheden" zu beziehen. Unterwegs hockte ich auf einem Haufen Eisenrohre ab. Der Regenwind blies an ihnen vorbei, daß es klang wie eine Schalmei.

Und die Eisenrohre erbebten ein wenig in ihrem eigenen Tönen. Es bebte in mich hinein, der ich auf ihnen saß und kalte Schenkel bekam.

FÜNFTES KAPITEL

Morgens um drei verließen wir Bergen. Das Schiff warf los. Die genaue Schwärze der Ladekranen am Quai vor den Wänden feingekörnten Dunstes verlor sich. Es blieben die roten und gelben Reklamelichter der Stadt, losgelöste Kronen, im Regen schwimmend. Versinkend. Die Fahne achtern, gehoben, gesenkt, dem schwachen Lufthauch in den Armen liegend, wurde eingeholt, ein grauer, feuchter Fetzen. Stampfend trug es uns fort, nordwärts, nachtwärts, dem Mitternachtslicht entgegen, auf der Suche nach Island.

Seit Stunden schon wollte ich Brygg ein Geständnis machen. Aber es kam nicht dazu. Brygg war nicht zu finden, obwohl ich wußte, daß er an Bord sei. Ich atmete im Takt der Maschine. Irrte allein auf dem Promenadendeck herum. Ach, daß ich taubes Holz gewesen wäre, daran Dagnys Gegenwart abliefe wie dieser ewige Regen.

Der Dampfer schüttelte sich, schnaubte und prustete auf die nasse Kälte los. Die See wiegte mein schweres Herz. Dort hinter uns auf dem verlassenen Quai stand Kirsten Michelsen, stand Dagny Torgaard unter der großen Bogenlampe. Bleich flatterte ein Schal im Wind. Jedes Schnaufen der Maschine führte mich weiter davon hinweg. Winziger verlor sich das Winken. Wilder brannte der Widerschein in mir. Dann war dort alles totes Dunkel, und in mir stieg die Verzückung der Traurigkeit auf, füllte meinen Mund mit warmen Worten. Jenen Worten, die mir gemangelt hatten, als es noch Zeit war.

Ich kletterte von der Ankerwinde herunter und machte mich erneut auf die Suche nach Brygg. Schließlich entdeckte ich ihn in den vorderen Deckräumen. Er saß allein im Rauchsalon erster Klasse und schämte sich nicht, die Schiffskarte dritter Klasse wie ein Kavalierstuch aus der Rocktasche blicken zu lassen.

In der Hoffnung, daß er meine angestrengte Betrachtung endlich verspüre, verharrte ich lange vor dem Fenster. Aber er hob den Kopf nicht von der Zeitung, in der er die Sportnachrichten las. Umständlich stopfte er sich eine Pfeife, ohne sich zu unterbrechen. An seinem Grinsen erkannte ich, daß er auf der Suche nach Fachausdrücken war, dieser Sprache neben der Sprache, wo sich der Slang mit einer allergenauesten Bezeichnung der Sache deckt. Aus einer nebelgrauen Karaffe goß er sich Wasser ein. Er hatte also das Bedürfnis, sich innerlich zu waschen. Seine Leistung in der Gildenhalle war an dieser selten bei ihm beobachteten Handlung abzumessen. Als er den Kopf hob, um in langen Zügen zu trinken, nahm er mich immer noch nicht wahr. Vergeblich warf ich wie Schlingen meine Nähe nach ihm aus.

Inzwischen verstärkte sich der Regen und die Deckbeleuchtung nahm um ein paar Grade ab. Drei-, viermal wanderte ich, ein Trunkner der milden Trauer, alle Treppen, alle Gänge entlang und kroch zuletzt zur Maschine hinunter, um ihr den eisernen Puls abzufühlen.

Unermüdlich schlängelte sich die Welle, boxten die Pleuelstangen, wand sich das Schwungrad herum. Es war wie ein regelmäßig schnarchender Schlaf. Es sickerte mir in alle Poren, kühlte mit lauem Ölhauch meine Stirn, verschüttete klappernd den Reigen meiner Gedanken.

Als ich wieder an Deck kam, goß der Himmel eiskaltes Silber herab. Die Farbe der Bordlaternen hatte sich zum fröstelnden Blau verringert. Und selbst das hielt nur mühsam die Schattenwimpern hoch.

Auch sonst war alles zu schlimmen Absichten gestimmt. Das Schiff fing an zu rollen.

Im Damensalon hatten sich zwei junge Mädchen eingefunden, die nicht schlafen konnten. Sie beugten sich über Näharbeiten. Die eine war blaß und hielt sich die Stirn. Sie legte ihre Arbeit fort. Die andere hob den blonden Scheitel.

Jetzt vernahm ich Schritte hinter mir. Freudig erschrak ich. Es waren die unverkennbar Bryggschen Schritte, leicht und wie immer, etwas beeilt.

Er trat neben mich vor das Fenster, blickte hinein. Wieder hob sich der blonde Scheitel, von Witterung fein berührt. Sie sahen einen Moment lang einander an, Brygg und die Blonde. Brygg siegte mit dem Blick. Das merkte ich an der ergebenen Neigung des Hauptes drinnen.

Wieder war es nicht möglich, mit Brygg ins Gespräch zu kommen. Er betrat den Damensalon. Ohne Scheu. Ich zog es vor, in den dunstigen Speiseraum hinunterzugehen. Die Kabinenjungfer tauchte aus ihrem Halbschlaf und brachte mir mit verschlossenem Gesicht einen Toddy. Der Toddy war mit lauem Wasser aufgegossen. Ich ließ ihn stehen. Nahm das Briefpapier mit dem Aufdruck „Enigheden“ und schrieb an Dagny Torgaard.

Inzwischen machten sich draußen die elementaren Gewalten an den Eisenblechwänden zu schaffen. Das mägerliche Schiffchen bockte und bebte. Brecher kamen mit schwarzer Wucht über Bord.

Als ich hinaufging, war die Deckbeleuchtung fast dunkel. Große ängstliche Augen taten nur die Back- und Steuerbordlaternen auf. Das Wetter ritt das Meer. Der Sturm nahm hinter der hochgehenden See einen Anlauf, verfehlte uns und sprang über uns weg. Dann zielte er besser. Lange verbrauchte er seine Kraft am schäumenden Gebiß einer Riesenwoge, dann hieb er brausend auf unser Heck. Die Laternen schlossen die Augen. Es wurde ihnen schwer, sie wieder zu öffnen. Bei jedem Schritt entzog mir der Boden seinen Halt. Er widerstand auch beharrlich meinen Berechnungen. Ich schwebte von Türgriff zu Türgriff. Als ich wieder vorm Damensalon stand, das Gesicht eng an den nassen Scheiben, sah ich drinnen das eine Mädchen in eine Wolldecke gehüllt auf der Plüschbank liegen, während die andere, der blonde Scheitel, sich in Bryggs bewährten Schutz schmiegte.

Betrübt wandte ich mich dem Seegang zu. Wenn wir die Rollen getauscht hatten, dann war es ja an mir, bei der Fischerei mein Glück zu versuchen.

Ich stieg zum Kapitän auf die Brücke. Hinter ausgespannten Planen, die ihn vor den Brechern schützten, stampfte ruhig Herr Silversen auf und ab. Er hielt mich für Mannschaft, bemerkte aber die Täuschung im Licht des Steuerhäuschens. Bevor er schimpfen konnte, fragte ich ihn, ob er Dagny Torgaard kenne. Eine junge Dame aus Bergen. Hanshaugensgatan.

Er sagte, er sei Isländer und hätte mit seinem Schiff genügend Plackerei.

Ich verstand den Wink und verließ die Brücke.

Backbords geschah etwas. Auf dem wogengeflügelten Meer schwebend, schaukelte mit erstaunlicher Ruhe ein schimmernder Palast heran. Ein großer Verkehrsdampfer der White-Star-Linie. Er hackte den Seegang gemächlich klein. Seine langsam kämpfenden Bewegungen machten erst richtig deutlich, was für ein schweres Wetter wir passierten. In Fünfzigmeterdistanz rauschte er vorbei, tauchte unsere Nußschale gnädig in seinen bernsteingelben Scheinwerferblick, gab Signal und entschwand.

Als mir einfiel, daß er Bergen ansteuern müßte, Bergen, wo Dagny jetzt ihr Gefieder in den Schrank gehängt hatte und unter milden Decken schlummerte, da überkam mich eine kleine Wut. Ich kletterte auf den Steven und schrie ihren Namen in den Sturm hinein.

Da tauchte Mister Brygg neben mir auf und flüsterte mir ins Ohr: „Es ist Zeit, zu frühstükken."

Als wir in der Messe einander gegenüber saßen, war er sehr gesprächig. Er hatte Lust, über Bergen, über das Wetter, über Mädchen mit mir zu plaudern. Aber ach, nun mochte ich nicht mehr.

Prüfend ließ er sein gelbes Auge schweifen. Der Tisch war gut beschickt. Alpaka-Teekanne, heiß nach Metall duftend. Tassen und Teller mit roter Handschrift: Den Bergenske Dampskipsselskap. Viel Saures, Fischiges, allerlei Wurst und Fleischsorten. Brot in mehreren Farben. Als Esser waren wir die einzigen. Der Seegang hielt uns die weichgekochten Eier für acht Passagiere zugute. Wir waren es zufrieden.

SECHSTES KAPITEL

Als ich mich weiterhin wortkarg und in-michgekehrt zeigte, nahm Mister Brygg die Nachtischunterhaltung allein auf.

„Dieselbe muntere Trinkerei wie damals auf der Sosnovetz", begann er. Seine Bemerkung bezog sich auf das Gildenfest.

„Sosnovetz?" fragte ich zurück.

„Ach du weißt schon, damals, als wir auf Brückenbau nach Rußland verpflichtet waren."

„Ich war nicht dabei", sagte ich.

„Stimmt", sagte er. „Wir waren unser fünf.

Olaf Runshaug, Morten Rymert, Lovely Peggy, Anders Kiär und ich. Wir wollten über Archangelsk einreisen. Auf Wardö gingen wir an Bord. Und es war das letzte Schiff, das vorm Einfrieren des Weißen Meeres abfuhr. Nur drei Monate vom Jahr ist die See dort unten offen und schiffbar. Unser Übergang vom Westen in den Osten war dadurch gekennzeichnet, daß uns die russischen Matrosen den ganzen Proviant für eine Woche Seefahrt stahlen.

Wir hatten alles durch einen norwegischen Kaufmann guten Glaubens an Bord schaffen lassen, sauber unsere Rechnung bezahlt. Und als wir unsere Kojen bezogen, mußten wir feststellen, daß von unsern Eiern, Broten, Würsten, Fischdosen fast nichts mehr in den großen Kartons vorhanden war. Es war kein Passagierdampfer, sondern ein Handelsschiff. Wir hatten die Verpflichtung mitbezahlt, uns selber zu verköstigen. Reklamieren nützte nichts. Wir mußten uns der Tatsache unterwerfen, in eine andere Welt übergetreten zu sein. Zwei Tage später kamen wir an Murmansk vorbei, dem einzigen eisfreien Hafen Nordrußlands."

„Eine pure Gefälligkeit des Golfstromes", warf ich ein.

„Aber auch seine letzte. Weiter reicht er nicht", bekräftigte Brygg.

Er fuhr fort:

„Und dann, in den kleinen Häfen der Kolaküste, füllte sich unser schwarzes, eisernes Schiff mit Gruppen von Eismeerfischern. Grau-verkrustete, bärtige Männer in gelblich-fettigen Pelzen, umgekrempelten Schaftstiefeln. Sie kamen so erschöpft an Bord, daß sie sich hinwarfen, wo sie gerade Platz fanden. Sie mußten unmäßig geschuftet haben. Noch nie habe ich Menschen gesehen, die sich selbst so gleichgültig waren. In ihrer fischtranigen Verpackung rollten sie sich auf den eisernen Boden des Laderaumes, Gesicht zur Erde, und entschliefen augenblicklich. Sie bestanden nicht aus Haut und Knochen, sondern aus Stein und Horn. Und wenn man ihre schnarchenden Gesichter studierte, unterschied man nicht, wo der Bart aufhörte und der Pelz begann. Sie waren im Begriff, in ihre Kleidung überzugehen.

Sie schleppten ihre Trostlosigkeit an Bord, ihren Gestank und ihre Armut, ihre Läuse und ihre Sackratten. Das Schiff konnte höchstens 40 Passagiere neben der Ladung fassen. An Bord aber waren gezählte 200 Personen. Transportiertes Menschenfleisch. Die Matrosen traten in ihren Gummistiefeln über die Schläfer weg wie über eine Stockfischladung.

Da geschah dann diese muntere Trinkerei, die zum Wettstreit zwischen West und Ost ausartete. Die Russen hatten ihn uns angetragen. Wenn wir uns von ihnen nicht verhöhnen lassen wollten, mußten wir annehmen.

Wir nahmen an. Wir befanden uns im Mannschaftsraum. Ringsum in den Kojen saßen und lagerten die Zuschauer und schlossen Wetten ab auf den mutmaßlichen Ausgang. Auf dem Tisch wurde eine Batterie Wodka aufgestellt. Ein reichliches Vorkommen. Jeder von uns hatte vorher ein Pfund Butter gegessen. Das einzige, was sie bei unseren Vorräten belassen hatten, weil sie es nicht kannten.

Nun tranken wir. Drei gegen drei. Auf unserer Seite fochten Olaf, Lovely und ich. Das Ziel war, wer wen unter den Tisch brächte.

Wassergläserweise floß das klare Gift in uns. Aber unser Inneres war mit Butter wattiert. Ein Hieb unter den Boden der Flasche und der Stopfen sprang an die Decke. Wir waren schon beim sechsten Glas und hielten tapfer stand. Olaf Runshaugs Kopf fiel beim siebenten wie ein Stein auf die Tischplatte. Schaum gurgelte mit seinem Atem schnarchend auf und ab. Fettig-bleicher Schweiß überzog sein Gesicht Er war erledigt. Mit ihm zugleich ein Russe, unter den gleichen Vorzeichen. Olaf versuchte schwankend seine Schlafkoje zu erreichen. Er kam auch glücklich hin. Aber bei einer Dünung, die das Schiff bedrängte, schoß er vom Rand seiner Koje kopfab zu Boden und schlug sich auf dem eisernen Belag die Stirn auf. Er blieb liegen in kataleptischer Starre. Keiner kümmerte sich um ihn."

„Stimmt nicht", flocht ich ein.

„Wie, stimmt nicht?", fragte Mister Brygg dräuend zurück.

„Ich war nämlich doch dabei. Du hattest es vergessen. Ich wollte nur sehen, ob du aufschneidest."

„Gut, wenn du dabei warst, dann erzähle du weiter. Jetzt will ich sehen, ob du aufschneidest." Und er schob, was er selten tat, seine Füße auf den Rand des Tisches. Das zeigte an, daß er sich zur Festung machte. Diese Position nahm er gewöhnlich ein, wenn er Schicksalsschläge gewärtigte.

„Ich war es, der sich um Olaf Runshaug kümmerte. Ihr anderen wart schon soweit jenseits der Welt, daß euch nichts mehr einging. Ich ergriff eine Wodkaflasche und leerte sie über Olafs Stirn. Er war gerettet, er stand völlig ernüchtert auf und mischte sich unter die Wettenden."

„Kann sein, daß du recht hast", murmelte Brygg, indem er mit flappenden Lippen den Rauch ausstieß. „Erzähle weiter." Er gab sich müde, erschöpft, blasiert.

Ich fuhr fort: „Du und Lovely Peggy, ihr hieltet euch am längsten. Immer wieder stopftet ihr gepfefferte Fischstücke aus einer Essigtonne in den Mund, um euch munter zu halten.

Der zweite Russe wurde für tot vom Kampfplatz getragen. Dann fielst du ab. Seitwärts gelehnt, die Backe auf den Tischbohlen, die Arme wie leblos zu Boden pendeln lassend, schliefst du rotgesichtig wie ein Säugling, der gesättigt ist und den Mund zu einer Schnute verzieht.

Die Wettenden verfolgten mit merkbarer Spannung den Endspurt.

Das Letzte war, daß Lovely Peggy mit dem Russen, der noch übrig war, einen Tanz anfing."

„Das war doch ich", ließ Brygg mit schwacher Stimme hören.

„Erzähle doch du weiter, wenn du es besser weißt", giftelte ich.

„Ich weiß es nicht besser", sagte Brygg mit schwacher Stimme.

„Die Russen in ihren Kojen klimperten auf einer Balaleika dazu und brummten mit ihren bärtigen Stimmen einen Gesang. Einigemal drehte sich Lovely mit seinem Partner stampfend und schwankend zwischen den Tischen und Bänken herum, ohne anzustoßen. Die Spannung der Wettenden steigerte sich.

Dann sackten beide zugleich um wie erschlagene Rinder."

„Ich weiß noch", flocht Brygg mit schwacher Stimme ein, daß mir der Kopf wie eine hohle Ananas unter dem Tisch herumrollte. Dann war alles weg. Ausgelöscht in eine weiße Bewußtlosigkeit.“

„Der Kampf blieb unentschieden. Amerika und Rußland erwiesen sich als gleich stark.“

„Im Trinken, nur im Trinken“, murmelte Brygg mit ersterbender Stimme.

„Ich schleppte Lovely unter die Trinkwasserpumpe“, setzte ich unbeirrt weiter, „ich wollte ihn erfrischen. Sein dichtes Haar war wie bei einem Ertrunkenen von Schlamm und Nässe verklebt.“

„Das war doch mein Haar“, flüsterte Brygg.

„Aber die Pumpe war verschlossen“, ergänzte ich, „der Wasservorrat war verbraucht. Das Schiff, nicht auf Überfracht eingerichtet, hatte sich zudem leckgelaufen auf irgend einem Eisriff, und mit fürchterlichem Quietschen und Kreischen lief Stunde um Stunde die Lenzpumpe.“

„Ich habe noch die Balaleikaklingelei im Ohr, die unsern Wodkatanz begleitete“, flüsterte Brygg und stieß den Rauch senkrecht wie ein Geysir in die Luft.

„Statt drei Tage, währte die Reise acht Tage. Wir aßen morgens den frischen Schnee, der auf Deck gefallen war. Hunger und Durst verzehrten uns gleicherart.“

„Ich weiß noch, wie ich erwachte“, flüsterte Brygg. „Mein Gehirn war ein sturmgeschliffener Eisklumpen. Im ganzen Leben bisher habe ich keinen Wodka mehr sehen können.“

„Die Mannschaft lieh uns Filzstiefel, weil wir für eine solche immense Kälte nicht ausgerüstet waren. Aber diese Filzstiefel fraßen uns auf von den Beinen her. Sie waren voller Läuse. Wir zogen es vor, zu frieren. Aber die Läuse hatten wir trotzdem. Sie ersetzten die Heizung."

„In den Masten hingen die Fleischvorräte des Kochs", vervollständigte Brygg unsern Wechselgesang –, „halbe Ochsen, Hammelkeulen, Rippenstücke schwankten da im Wind der Fahrt. Es war sein Eisschrank. Wir beobachteten immer, wenn er emporkletternd sein Mittagsstück loshakte.

Wir hatten pro Mann hundert amerikanische Zigaretten im Hosenfutter, aber wir wagten nicht, vor Passieren des Sowjetzolls damit zum Vorschein zu kommen in der Kombüse. Wir wußten, daß Lucky Strike ein begehrtes Tauschobjekt bei den Russen war.

In Archangelsk kam eine Sowjetbeamtin an Bord und machte die Zollkontrolle. Eine lederne Person in den Dreißigern. Sie kehrte jeden Strumpf um in unsern Koffern. Sie wagte nur das eine nicht: unsere Hosen anzurühren."

Brygg wand sich in einer Art lautlosem Gelächter. Er hatte sich wieder gefangen. Hinter ihm trat Kapitän Silversen in die Messe. Ich hüstelte geschickt. Und Brygg tat folgsam die Schuhe vom Tisch.

„Lassen Sie sich nicht stören", sagte der Kapitän und setzte sich zu uns.

Wir ließen uns stören. Er lud uns zu einem Aquavit ein. Brygg offerierte ihm eine von seinen guten Schwarzen.

„Die Herren kennen die Welt", wie ich höre, erkundigte sich der Kapitän.

„Nur Island nicht", sagte Brygg.

„Da kann ich auch nicht helfen", sagte der Kapitän –, „ich bin zwar Isländer, aber in Kopenhagen aufgewachsen."

„Gibt es gute Lachsgewässer?" fragte Brygg.

„Gibt es diese Elben, Geister und Geysire, von denen immer geredet wird?" fragte ich.

„In Island", sagte der Kapitän, „haben die amerikanischen Truppen ein paar hundert Lippenstifte, Dauerwellenapparate und einige Revuefilme vergessen. Die grassieren seither und ändern unsere Kultur bis in den Bodensatz hinab. Mit den Lachsen haben sie auch ordentlich aufgeräumt. Allerdings, an Elben, Geister und andere Merkwürdigkeiten wird heute noch wie je und immer geglaubt. Besonders auf dem Land.

Was den Geysir betrifft, so weiß ich nur, daß jedesmal, wenn eine offizielle Person denselben zu sehen wünscht, eine merkwürdige Manipulation vorgenommen wird."

„Manipulation?“ fragten wir wie aus einem Munde.

„Der Geysir ist nämlich im Laufe der Zeiten etwas müde geworden und tut's nicht mehr, wenn man grade möchte.“

„Tut's nicht mehr, wenn man grade möchte?“ fragten wir zurück.

„Man muß ihn mit zwei Kisten Sunlight-Seife hochkitzeln, daß sich sein Gaumen verschleimt. Derart wird eine künstliche Oberflächenspannung erzeugt in der Tiefe seines Loches. Das vulkanisch kochende Wasser löst die Seife auf, der Geysir fängt an zu husten, räuspert sich und speit. Schließlich ordnet sich alles zu einem langen, heulenden, grauen, 50 m hohen Springbrunnen, der in Fahnen vom Winde verweht wird.“

„Schön, wer mit seinem Zorn so billig davon kommt“, bemerkte Brygg.

„Es sind Alterserscheinungen“, sagte der Kapitän.

„Und die Geysirgegend, wie schaut die aus?“ fragte ich den interessanten Kapitän.

„Eine weiterstreckte, höckerige Herdplatte, auf der in versenkten, natürlichen Töpfen Schlamm- und Wassersuppen gekocht werden. Die ganze Gegend ist gekennzeichnet durch die schräg abstreichenden gelben und weißen Dämpfe.“

„Danke“, sagte Brygg. „Wo steht es zum Besten mit dem Fischen?“

„Da gehen Sie am bequemsten zu den Hochlandseen, dem Myvatn oder dem Hvitarvatn.“

„Gehen?“ fragte Brygg.

„Das Hochland ist noch nicht für den Omnibus erschlossen. Sie werden Pferde mieten müssen.“

„Das stört weniger“, sagte Brygg.

„Wissen Sie noch mehr über die Elben?“ fragte ich.

„Da müssen Sie sich an unsere Kabinenjungfer wenden. Die kann Ihnen einiges erzählen.“

Ich sah ihm ins Gesicht, ob das ein Witz sein sollte. Es war kein Witz.

SIEBENTES KAPITEL

Wie oft sind wir schlafen gegangen in unseren engen, stinkenden Kojen. Wie oft sind wir aufgewacht. Zwischen Bug und Heck haben wir die eisernen und anderen Eingeweide unseres Dampfers auswendiggelernt –, seine Ladung, seinen Kapitän, die Mannschaft. Immer unserm Grundsatz treu, überall hinzusehen, wo was zu sehen ist. Und auch dahin, wo nichts zu sehen ist.

Das Fahrtwetter war still und dunstig. Die Sonne ging kieselsteingelb im träge bewegten Nordatlantik unter. Wellen schlugen rot durchschimmert an die rote Kiellinie. Ein Pottwal schwänzelte neben uns dahin, schliff seine speckige Rückenflosse durchs Meer, zeigte einen Teil seines schwarzen glatten Schweifes und verschwand.

In wohltuender Langeweile verlaufen die Stunden. Die Maschine stampft. Die Schraube dreht sich. Im Bett des Gewohnten schlingert alles stummvergnügt entlang.

Eskifjord ist angekündigt. Der erste Hafen, den wir in Island anlaufen. Die Sicht ist schlecht. Das wenige Erkennbare, was sich aus dem grauen Morgendunst löst, auf uns zukommt, ständig wachsend, mehr und mehr das Schiff überschattend, überfinsternd, ist ein Gebilde aus wolkigem Regen. Dann fällt der Vorhang.

Wolkiger Regen hängt an grünschwarzen Bergen. In schlaffen, abgewaschenen Linien verlaufen ihre Zinnen. Wasserfälle sind wie weiße Fäden darüber gehängt. Immer noch wächst und wächst das alles auf uns zu, übergreift uns, sperrt den Himmel ab. Es gibt Wasserfälle, die vom Scheitel dieses Steil-Gebirges ohne Zwischenhalt ins Meer prasseln.

Dort, in eine Bucht des schwarzen Fjordwassers gelagert, wird der Hafenort erkennbar. Wellblechhäuser, kittgrau gestrichen. Mit Wellblechdächern. Wie aus der Schachtel hingestellt den Hang entlang. Kein Baum, kein Busch sorgt für Verbindlichkeit. Nackt. Kantenscharf auf den nackten Boden gestellt, folgt Hütte auf Hütte. Der

Regen hat ein Netz von Glanz über sie geworfen und hat den Anstrich aufgefrischt. Dieser Anstrich scheint hin und wieder zu wechseln.

Weinrot läßt Eisengrau durchschimmern. Moorrübengelb ist von schwachem Schwarz verschmutzt. Schön.

Eine Laufplanke, von moosigen Pfählen gestützt, ragt ins Leere, Offene. Ein Motorkutter hat daran festgemacht, grüngerandet, mit braunrotem Deckanstrich. Die aufwuchtende Küste hat uns nun völlig in ihrer Dämmerung verschlungen. Wir blicken nicht mehr nach oben, da ist alles zu, wir blicken nach unten. Dort wird das Geschehen für uns von Minute zu Minute deutlicher.

Frauen in Männeranzügen entladen den Motorkutter. Sie schaufeln Dorsch mit Mistgabeln auf die Landungsbrücke. Es sind große, bleichweiße, fette Fischleichen mit blutigen Schnitten hinter den Kiemen. Sie platschen auf die Planken. Ein Mann in gelbem Ölzeug, rotgerandeten Gummischaftstiefeln, Lotsenhut, sammelt die Dorsche auf, weidet sie mit einem dünnen Messer aus, und wirft die Erledigten mit einer ungeheuren Verdrossenheit auf einen Haufen. Ein fader, gleichsam langer Geruch steigt von diesem Haufen zu uns auf, die wir über der Reeling hängen, während die Schiffsschraube einen letzten hysterischen Schaumwirbel schlägt, um den Schiffsrumpf längsseits zu bringen.

Von der Felswand, die den Himmel absperrt, wird das Tuten, das entlastete Ausatmen unseres Dampfers, zu einer fürchterlichen Lärmkundgebung verzehnfacht. Im Nu strömen die Bewohner des Ortes auf die Landungsbrücke. Viele braune, rotgeränderte Kleider . . . Alle tragen quabbelige, beim Gehen quietschende Gummistiefel.

Ganz in der Nähe, wo der Rand des Fjordgebirges sich zum schrägen Uferstrich besänftigt, erscheint das Gestein wie geronnene Nacht. Die Schatten lagern schwer auf dem weißlichen, fischaugenbleichen Buchtwasser. Möwen wirbeln wie ein Schneesturm um ein entferntes Kap. Ihr Geschrei erweist sich beim Hinhören als raumschaffende Macht, ja, es ist selbst jagender Raum, salzheiser, ein Geschäum von Lauten.

Ein merkwürdiger Mann hat sich von der Landungsbrücke her verstohlen an Bord geschwungen und steht nun auf der uferabgewandten Seite des Schiffes, um den Vorsprung gegen das Meer hin für seine Anglerkünste auszunützen.

Er warf eine bleibeschwerte Schnur etwa 20 Meter weit ins Offene. Ein ungewöhnlich starker Haken trug zerschnittene Dorscheingeweide als Köder. Ruckweise zog der Fischer diese Grundangel durch den Schlick des Meeresbodens wieder an sich heran. Wiederholte dann weitausholend seinen Lassowurf. Wieder das ruckweise Heranziehen. Wir gingen von unserer Bordseite zu ihm hinüber und sahen ihm zu. Er war so besessen von seiner Tätigkeit, daß er uns überhaupt nicht bemerkte. Klatschend schlug die Leine ins Wasser. Ich starrte ihm unverblümt ins Gesicht. Es war quittengelb. Unter der Mütze quoll wirrschwarzes Haar. Sein abgetragener Regenmantel troff von Nässe. War an den Ärmeln umgeschlagen. Seine Augen waren wie Löcher in seinem ausgemergelten Antlitz. Löcher, durch die man in einen Hintergrund erbarmungsloser Dunkelheit blickte. Sternlose Schwärze. Seine Nase eine schiefe Klippe. Seine Hände wie geschältes Wurzelholz. Wenn er die Leine auf eine besondere Art geschoß-schnell anzog, war jedesmal Beute gefangen. Jedesmal. Ein großer, weich-wild sich windender Fisch, blaßlila schimmernd, mit muschelhellem Bauch wurde gelandet. Gleichmütig warf er ihn hinter sich auf die Deckplanken.

Regen rieselt in feinen Strichen senkrecht auf uns herab. Aus unerschöpflichen lockeren Eutern rinnend. Wieder brüllt der Dampfer aus rostiger Kehle. Diesmal zum Abschied. Der gelbe Angler rafft seine Fische zusammen und flüchtet. Als wir neben dem Schornstein stehen, ist es, wie wenn uns das Tuten durch den Leib stäche. Ein kleines Kind auf dem Arm der schwarzgekleideten Mutter fängt an zu weinen. Birgt Kopf und Ohren an ihrem Hals. Sie lächelt zu uns hinauf. Nochmals brüllt der Dampfer. Rotgestreifte Postsäcke fliegen an Bord. Die Maschine rumpelt. Losgeworfene Taue flitzen. Wir fahren. Die Schiffsschraube speit einen Pfauenschweif von Öl und Schmutz über das Heckwasser.

ACHTES KAPITEL

Wir waren vor dem Regen in die Kajüte geflüchtet und trockneten uns an der zischendheißen Heizung. Brygg klingelte der Kabinenjungfer, bestellte 3 Flaschen Soda und eine Flasche Whisky, Marke Red. Label J. Walker & Son. Wir richteten uns auf ein langes und langsames Trinken und Rauchen ein. Noch zwei Tage Bummel von Hafen zu Hafen haben wir vor uns. Dann ist die Osthälfte von Island umschifft.

Brygg drehte die Flasche liebkosend in der hohlen Hand, zwinkerte mich an und sagte: „Nicht immer haben wir ein so weichgepolstertes Leben bevorzugt. Man wird alt.“ Lächelnd lüftete er mit dem Zeigefinger die kahle Stelle unter seinem Scheitelhaar.

Der Whisky schäumte golden in den Gläsern. Skool. Wir probierten ihn an der Oberlippe. Dann erst netzten wir uns.

„Als wir damals Gäste des Brauereibesitzers

in Cusco waren“, begann er den Erzählfaden anzuspinnen, „hatten wir härtere Zeiten. Obwohl wir mit sechs Mann über eine ganze Flucht von Gastzimmern in seiner Villa verfügen durften, unsere Reisekasse war leer. Und wir wollten uns das nicht anmerken lassen. Jeden Morgen kam pro Mann und Zimmer ein Kasten Bier herauf. Vierzig Flaschen. Der tägliche Bedarf war damit reichlich gedeckt. Wir blieben, solange es dem Brauereimann gefiel. Und es gefiel ihm lange. Aber eines Tages dachten wir, daß es vielleicht doch Zeit wäre. Das Geld für unsere Weiterreise lag auf dem Konsulat in Molendo, unten am Stillen Ozean. Wir aber saßen dreitausend Meter höher in der Hauptstadt des alten Inka-Reiches. Durch endlose Eisenbahnstrecken und komplizierte Grenzen waren wir von unserm Geld getrennt. Die ganzen peruanischen Cordilleren machten den Wall zwischen uns und ihm.

Als wir uns endgültig entschlossen hatten, zu reisen, packten wir den letzten Kasten Bier Flasche für Flasche in unsere Koffer. Die Fahrkarte brachten wir noch zusammen. Aber Proviant für die 24stündige Strecke hatten wir keinen. Dem Brauer etwas sagen, das mochten wir nicht. Der hielt uns für eine Gesellschaft von Unternehmern, die irgendwelche Pläne verwirklichen wollen. Und fast konnte es auch so scheinen.

Der Mensch lebt nicht vom Bier allein. Nach einem halben Tag Fahrt empfanden wir einen fürchterlichen Hunger. Auf den Bänken, im Gepäcknetz, auf dem Fußboden, überall rollten geleerte Bierflaschen. Auf den kleinen, einsamen Stationen boten Eingeborene große Körbe mit Obst feil und ganze Tabletts voller frischgebakkener, gut gewürzter Tortillas. Gierig starrten wir aus den Abteilfenstern auf die Köstlichkeiten. Bis einer von uns auf den Gedanken kam, wie zum Spaß die leeren Flaschen zum Tausch anzubieten. Und siehe da, man riß sich darum. Die Flaschen waren hier im Inneren unerschwingliche Wertstücke. Gebrauchsgegenstände. Jedem Indio ein vielfach verwertbares Ding. Wir machten ein glänzendes Tauschgeschäft und hatten bis nach Molendo zu essen.

In Molendo lagen frische Devisen für uns und damit hatte der beunruhigende Kitzel, mittellos zu sein, ein Ende. Wir waren ja nur Tramps, Vagabunden, um diese Lebensform auszuprobieren. Andere gab es, die *mußten* Tramps und Vagabunden sein. Heimatlos gewordene Europäer, was leisteten sie, auf der Jagd durch die Staaten, auf der Jagd nach einem Job, ausgespannt zwischen Süd und Nord. Sie waren wirklich mittellos. Aber sie lebten und jagten unermüdlich. Welche Kraft in ihnen trieb sie an. Zu welchen enormen Leistungen waren sie fähig!

Jene zum Beispiel, die wir in Lima trafen. Sie waren seit zwei Jahren in den Staaten unterwegs. In Buenos Aires aus dem Emigrantenschiff gestiegen, waren sie den Paranastrom aufwärts gewandert nach Nordargentinien, alles zu Fuß. Durch das paraguayische Chaco und weiter durch die bolivianischen Cordilleren, alles zu Fuß. Aufsteigend öde weglose Strecken, 4000 Meter hoch, verfallene Pässe entlang, kein Dorf unterwegs, wo sie sich ihr Essen zusammenbetteln können. Wenige, weit auseinanderliegende Städte nur, Cochabamba, Oruru, wo sie sich mit Mühe etwas verproviantieren können –, nach La Paz weiter, immer durch Länder, an Menschen vorbei, die solchem Wandertrieb, solcher Wandernot fassungslos und feindlich gegenüberstehen. Überall als bettelnde Weiße geächtet, schlecht behandelt. An Tiahuanaco vorbei, dem ungedeuteten Sonnentor aus uralten schwarzen Monolithen, am Titicacasee entlang, seinen tierlosen, binsenwispernden Sumpfufern. Durch Peru, wo die letzten Ureinwohner Südamerikas vegetieren, völlig versteinerte Indianer, die nur von ihrem unauslöschlichen Haß gegen alles Weißhäutige leben, die ihnen keinen Trunk Wasser, kein noch so vertrocknetes Stück Tortilla gönnen. Ariquiba vorbei, über endlose Eisenbahnbrücken, die sich geländerlos und eingeleisig über tosende Tiefen schwingen. Wo ein Menschenruf nicht hinüberreicht von einem Ende zum andern. Hilflos in den Nächten; wenn ein Zug angebraust kommt, müssen sie sich seitwärts an die Schienen schmiegen, sich an der schwingenden, bebenden Eisenkonstruktion festklammern, und wenn die Finger am kalten Eisen absterben, mit den Zähnen nachhelfen.

Getrieben, getrieben, immer auf der hastigen Jagd nach einem Job, nach neuer Heimat. Denn für sie ist im Job die Heimat. Durch die Wüste der peruanischen Küste, immer zu Fuß, 100 Kilometer von Station zu Station. Mit einem kleinen Bündel umgehängt, ohne Wasservorrat; um den Hunger zu übertäuben, kauen sie welke, von den Pflanzen abgerupfte Tabakblätter. Hinter ihnen singt die Ferne. Vor ihnen singt die Ferne. Und kein Weg führt außenherum. Wind hat Mondkrater in die Sandflächen gedreht. Zwischen Löchern, Kratern, den Trittsiegeln der Seevögel, auf der wie Wasser gewellten Fläche, wandern sie in tönender Einsamkeit dahin. Nach Norden treibt es sie, nach Norden, dort werden Menschen gebraucht, ungelernte Arbeiter, Männer, die alles können, alles anzupacken bereit sind. Mächtig, unwiderstehlich treibt es sie vorwärts. Durch die feuchten Tropen Costa Ricas, San Salvador vorbei, sie schlagen sich durch. Sie arbeiten unterwegs ab und zu, wie es sich grade schickt. In den Häfen, beim Löschen der Schiffe, sie gehen ‚Abkochen' in der Kombüse des Schiffskochs. Sie arbeiten auf Farmen. Spalten drei Tage lang Holz. Guatemala vorbei, Mexiko, und endlich, dünngewetzt, mit messerscharfen Zügen, verwitterten Lippen, kleingekniffenen Augen, schwarzbraun gebrannt an Händen und Armen, mit verhornten Füßen, erreichen sie Nordamerika. Zwei volle Jahre währt ihre Tippelei. Wer hat sie gerufen? Was treibt sie um? Ist das Entwurzeltsein ihnen schon zur Daseinsform geworden? Jene, die wir trafen, kamen, der eine aus Rumänien, der andere aus der Tschechoslowakei, der dritte aus Deutschland. Ihre Worte waren sparsam. Ihr Gelächter leise, ihre Kraft ungebrochen. Den Tabak trugen sie lose in der Hosentasche. Fuhren mit Hand und Pfeife zugleich hinein. Kamen mit dem fertig gestopften Rauchgerät wieder zum Vorschein. Konnten spielend in der Linken ohne Hilfe der Rechten die Streichholzschachtel öffnen, ein Streichholz zum Brennen bringen und bei jedem Sturm unauslöschlich an den Pfeifenkopf bringen. Wir schenkten ihnen unsere Taschenmesser und etwas Geld. Wir hatten ihnen nichts anderes zu bieten. Sie schnitzten unsere Namen in ihre Wanderstöcke, die schon von oben bis unten beschriftet waren. Wunderliche Runenstäbe unserer Zeit.

Brygg wiegte sich behaglich hin und her in unseren festgeschraubten Drehsesseln. Der Dampfer ließ alle fünf Minuten das Nebelhorn blöken. Die Kabinenlampe, schaukelnd im Kardangehänge, schien den Qualm unserer Zigarren zu verzehren.

„Was auch gewesen ist und noch kommen mag, hinter seine Haut zurückgezogen ist ein erwachsener Mann immer noch am besten dran. Mein Beileid den Enthäuteten." Und er hob das Glas zum letzten Schluck.

Wir hörten bald darauf die Maschine auf halbe Kraft zurückgehen. Schließlich stoppte sie. Wieder eine Landung. Wir schlüpften in die immer noch von Nässe schweren Mäntel. Die Eisentreppe erklirrte unter unseren Schritten.

NEUNTES KAPITEL

Ein abgewrackter Schiffsboden liegt verdreht im Wasser. Schwarzübersponnen von Nässe. Ein Wellblechgebäude mit zugenagelten Fenstern stinkt vor Müdigkeit. Blauwollene löcherige Kinderstrümpfe pendeln an einer Leine, im Regen zum Trocknen aufgehängt. (Verspätung des Herzens.)

Barhäuptige Jungens spielen über die Wege hin, balgen sich stumm, klettern auf einem Holzgerüst herum, das sonst zum Dörren der Dorsche dient.

Es ist 11 Uhr nachts und nicht dunkler oder heller als 11 Uhr morgens. Die Plätze zwischen den Wohnbaracken sind mit Tuffstein gepflastert. In den Fugen und Löchern des Pflasters liegen allenthalben in den Dreck getretene Fische. Am Quai, in der schwachen Dünung, gaukelt ein ertrunkenes Huhn. Die gelben Federn heben sich, senken sich, wie atmend; der Hals, die verkrampften Krallen, mit allem spielt das grüne Wasser.

Kleine, saphirfunkelnde Wiesen sind viereckig in die Schutthalden der gähen Berglehnen geschnitten. Wasserfälle jagen von bröckligen Zinnen herab: das Silberhaar von Hexen, die kopfab schlafen.

Eisfladen oder Feuergruben, dem Regen ist es gleich, er tastet alles ab mit seinen Froschhänden.

Wir gehen schnellschrittig die Wege entlang, kopfschüttelnd. Am Ende des Quais wird ein Trawler Schaufel um Schaufel voll Schnee geladen. Seine Segel sind eingerollt. Der Schnee, kohlenstaubverschmutzt, klatscht in die Ladeluke und füllt, langsam ansteigend, den schwarzen Holzbauch. Kalte Fracht.

Aus alten Tauresten und Netzstücken wächst dünnes Gras. Eine leere rote Anchovisdose rollen die Strandwellen zart über ein Lager von Bimssteinsand. Ein kleiner schwerer Mann blickt ernst aus dem Rahmen seines runden Bartes hervor. Die spielenden Jungens drehen jetzt die Räder von umgekippten Eisenkarren, schleifen Steine auf ihnen, daß es schrillt.

In einer rostlöcherigen Wellblechhütte fristet dunkles Leben ein gelbbeleuchtetes Dasein unterm Lampenschirm. Armer Glaskitsch ziert die Wohnstube, künstliche Blumen hinter gilbender Gardine. Jemand liest dort stumm seine Zeitung: Seydisfjördurs Nyheder.

Er liest dasselbe darin, was wir in unseren Zeitungen lesen. Und doch scheint es anders zu sein.

Man muß den Kopf ziemlich weit in den Nacken biegen, um mit den Augen die Gipfel der Fjordwände zu erreichen. Wolken schaben sich an ihnen. Gleiten an ihnen hinauf oder hinab, werden von einem plötzlichen Windstoß beiseite geschoben und unvermittelt, wie aus ungeheuren Loren gekippt, liegt die aufgeschichtete Aschenhalde weithin sichtbar da.

Über die Reling eines schwarzblau gestrichenen Ruderbootes hängen kreuzweis gebündelt frischgeangelte Dorsche. Durch ihre Kiemen ist Draht gezogen. Zertrümmerte Fischtonnen liegen unter dem Aufschlag eines Abwassers.

Ein Mann im Monteurkittel mäht bei strömendem Regen niedriges, edelsteinblankes Gras auf schrägem Anger. Wir stehen neben ihm und rauchen. Verdrossen blicken leere Gehöfte mit eingeschlagenen Dächern von der andern Fjordseite herüber. „Lawinenopfer“, sagt der Mäher.

An den Brüchen der Bergwand stellen wir bunte Lipariteinlagerungen fest, mit verzweigten Gängen von grünem und schwarzem Basalt. Streifen von Bimsstein, Obsidian und Perlit darin.

Der Mann, mit dem wir sprachen, hatte ein mit der Axt zurechtgehauenes Gesicht. Er hieß Skule Skularson und war in Reykjavik geboren. Er behauptete, er hätte schon Elben gesehen. Man erkenne sie daran, daß ihre Oberlippe unter der Nase gewölbt anstatt eingesenkt sei. Er hätte auch schon den unsichtbaren Ruderschlag der Elben gehört. Und nachts die erleuchteten Fenster der Elbenhütten in den menschenabseitigen Bergwänden. Das sei hier nichts besonderes. Auf das verborgene Volk träfe man mit jedem Schritt und Tritt.

Wir fragten ihn, ob er etwas zu singen wisse, das sich darauf bezöge. Er sagte, er könne es und begann auf seine Sense gestützt das Lied:

„Küsse mich, Geliebte, du bist krank.
Küsse mich, denn du stirbst.
Heiter trink den Tod ich
            von der Rose deines Mundes
: der Becher ist so schön.“

Wir boten ihm zu rauchen an. Er versicherte uns, daß wir gute Gesellschafter wären, aber er müsse jetzt weiter mähen.

„Was hat es für eine Bewandtnis mit Ihrer Heuernte", fragten wir, indem wir mit der Hand die Kleinheit der Wiese bezeichneten, „ernähren Sie Kaninchen damit?"

Nein, es sei für die Ziege, antwortete er treuherzig. Brygg schraubte die Whiskyflasche auf und bot ihm einen Trunk an. Er nahm und dankte.

„Wegen dem Mähen", sagte er, „gibt es hier auch Dinge. Neulich war's, da merkte einer, morgens, als er sein Feld um hatte, daß er mit einer Menschenrippe gemäht hatte. Es war nämlich abends zuvor ein Unbekannter zu ihm gekommen und hatte ihm eine Wundersense zum Kauf angeboten. Aber bei Tag konnte er erst sehen, daß sie aus Bein war: Adams Rippe."

Wir lachten und gaben Skule Skularson noch einmal zu trinken. Dann verabschiedeten wir uns, es sei uns nicht daran gelegen, ihn noch weiter abzuhalten. Er zog die Mütze und winkte. Wir rutschten auf den glitschigen Wegen wieder zum Hafen hinab.

Grade vor uns entfalten schwarzköpfige Wasservögel ihre messerscharfen Schwingen. Sie schwimmen auf der diesigen Luft. Beim Wenden stützen sie sich mit der Flügelspitze auf den Wasserspiegel. Westen oder Osten, der Himmel ist nach überallhin perlgrau. Langsam humpelt Gott durch den Ort. Er hat es satt, in der grüngestrichenen

Wellblechkirche zu frösteln. Er betrachtet unter gezähnten Lidern her müde den schwachen Mooswuchs am Fuß der Wände. Was sich hier auch zum Leben angrünt, die schwarze Vulkanasche schlägt immer wieder durch.

Jetzt ist es 12 Uhr mitternachts. Eine dicke Frau pflanzt Grünkohl in ihrem Hausgarten. Schwerfällig bückt sie sich, stopft die dünnen Stengel mit dem klein bißchen weiße Wurzeln unten dran in eine Erde, die tot ist wie Glasmehl.

„Skule Skularson hat nicht schlecht gesungen", sage ich zu Brygg, „die Tonart war lydisch. Altisländisch, wie man weiß."

Brygg lehnte über dem Quaigeländer und spie ins Wasser. Lange blickte er den Kreisen nach, die er auf der Wasserfläche verursacht hatte, dann sagte er: „Das Lied ist neu. Er hat es nur falsch gesungen, mein Junge."

„Wenn er uns auch belogen hat, der Witz mit Adams Rippe war gut", sagte ich nach einer ebensolangen Pause. „Wir sind zum Fleiß gezwungen, seit er aus dem Paradies vertrieben ward."

Brygg sah mich an und ließ die linke Wimper sinken: „Aus der einen Rippe die Eva, aus der andern die Wundersense. Was haben sie alles aus ihm gemacht."

Wir stiegen an Bord unserer „Enigheden". Kopfschüttelnd.

„Dieselbe Schwärze wie in Spitzbergen", eröffnete Brygg das Kajütengespräch, als es nach dem Abendessen gemütlich wurde. – „Dieselbe Schwärze, der wir uns in Spitzbergen drei Monate lang aussetzten, um ihr auf den Grund zu kommen." (Die Winkel seines Eulenschnabelmundes ließen den Tabaksrauch aus einem kleinen, flappenden Loch entweichen. Sein Gesicht verzog sich zur Grimasse bei der Arbeit an der Pfeife.) „Olaf Runshaug und ich, wir trennten uns damals unauffällig von euch anderen. Mit Vorbedacht ließen wir euch auf dem letzten Schiff abreisen. Drei Monate totale Wintereinsamkeit waren uns sicher bei zugefrorenem Hafen."

„Bei uns anderen", flocht ich ein, „hat sich bis auf den heutigen Tag die Legende erhalten, daß ihr das Schiff nur versäumtet, weil ihr in irgend einer Toddy-Pinte aufgelaufen wart."

„Dem war nicht so", erwiderte Brygg und ließ das rechte Augenlid sinken. „Wir wollten der Schwärze auf den Grund kommen. Da uns die Behörde unter allen Umständen akzeptieren mußte, bekamen wir sogar Arbeitserlaubnis, damit wir uns den Unterhalt selbst verdienen konnten. Man beschäftigte uns in der radiotelegraphischen Station. Ein prächtiger Dienst."

„Unvorstellbar bleibt", flocht ich ein, „daß dort im letzten Nordzipfel Norwegens Steinkohle gefunden wird. Wenn man sich vorstellt, daß dort die Sonne auf dunstige Tropenwälder niedergebrannt hat . . ."

„Man könnte sagen", meinte Brygg, „dieses Tropische schlüge in den Bergarbeitern dort wieder durch. Es sind die leidenschaftlichsten und wunderlichsten Männer, die ich je in Bergwerken angetroffen habe. Sechs Monate vom Jahr sind sie unter Tag. Auch wenn sie Schicht haben, wird es nicht hell über ihnen. Es ist eine dauernd elektrisch beleuchtete Welt, in der sie leben. Elektrische Sonnen sind ihr Licht und ihre Wärme. Sie verdienen viel Geld, aber sie haben keine Gelegenheit, es auszugeben. Und in der ganzen Kohlenstadt gibt es keine einzige Frau. Nur Männer, unzählige Männer. Sie können nirgends hin in ihrer Freizeit. Sie verbringen sie wortkarg und dösend in ihren Wohnbaracken. Das Land hinter ihnen ist völlig vergletschert. Baumlos, buschlos, während sie den reichsten Baumbestand einer Vorwelt am Boden abbauen: die unerschöpflichen Reste urzeitlicher Sumpftropen. – Da schuften sie nun in dieser elektrischen Nacht. Essen, Trinken, Schlafen, alles wird ihnen von der Gesellschaft besorgt. Und eines Tages im Juni, wenn ihre Taschen voll sind, von Geld überquellen, mustern sie ab. Und wenn das Eis im Hafen gebrochen ist, das erste Schiff ankommt, steigen sie an Bord und lösen eine Karte bis nach Hause. Nach Hause, das kann Christiansund sein, oder Oslo, oder Stavanger. Aber in Tromsoe legt das Schiff an, macht Station, löscht Kohlen. In Tromsoe steigen sie nun aus, um sich mal wieder in einer richtigen, guten norwegischen Stadt zu ergehen. Tabak zu kaufen. Ein Bier zu trinken. Eine Frau anzuschauen. Das ganze Leben der andern Menschen zu studieren, jenes Leben, das ihnen monatelang als das Begehrenswerteste aller erschien. Aber in Tromsoe sind so viele Frauen wie in Spitzbergen Männer. Und ehe sie es sich gedacht, geraten sie in die Mühle ihrer Wünsche und Sehnsüchte. Die unterirdischen Tropen brechen in ihnen durch. Sie fangen an zu blühen und zu gedeihen. Das Geld wird ein lebendiges Blattwerk in ihren Taschen und sie streuen es aus. Sie werden vermahlen in einem gewaltigen Rausch der Verschwendung. Sie kaufen Vergnügen ein, wie man sonst Ware kauft. Sie mieten sich Kutschen für den halben Abend, laden Gin hinein, flüssiges, brennendes Dasein. Und dann fahren sie los. In den offenen Kutschen sitzend, singend, johlend, auf jedem Knie eine Dame, in den Händen schwenken sie Flaschen. Auf und ab über die eine, gerade, langweilige Hauptstraße von Tromsoe. Sie treiben den Kutscher an, immer schneller zu fahren. Sie rasen aneinander vorbei, die befreundeten Kumpels, rufen sich jubelnd von Wagen zu Wagen beim Namen. Ihre Freude steckt den Himmel an, prasselt auf die Erde nieder. Die erleuchtete Reihe der Geschäfte wird ein glanzreiches Band an ihren Gesichtern entlang. Sie kaufen ihren Damen, was denen einfällt. All das nachterstickte Leben will aus ihren Herzen heraus in die große, schöne, unermeßliche Verwirklichung hinüber. Und wie eine Rakete steigt auf und zerplatzt, was zu Hause, bei Vater und Mutter, bei der wartenden Gattin, den Kindern, was dort ein paar Monate sorgenfreies Dasein verbürgt hätte.

Der ganze Eintrag aus winternachtlanger Plakkerei, Schufterei in der künstlich erhellten Unterwelt Spitzbergens. Unmäßig war ihre Leistung in den Gruben, unmäßig ist ihre Lust, den Gewinn explodieren zu lassen. – Die kurze Sommerzeit ist ihnen in Tromsoe vergangen, da finden sie sich, einer nach dem andern, auf dem Heuerbüro der Spitzbergen-Gesellschaft wieder ein. Mit leeren Taschen. Nicht mal die Fahrkarte bis nach Hause haben sie benutzt. Sie sind reif, den neuen Vertrag zu unterschreiben. Sie fragen nicht einmal mehr nach den Bedingungen. Sind froh, daß man sie nimmt. Fahren auf Kosten der Gesellschaft wieder in dieselben Gruben zurück. Mit dem letzten Schiff. Hinter ihnen friert der Hafen zu, das Leben, die Lust, und der Plan, nach Hause zu gehen, zu Vater und Mutter, zur wartenden Gattin, zu den Kindern.“

Brygg drehte seinen Sessel nach dem Bullauge und starrte seinen Worten nach hinaus ins graue Licht. Ich beugte mich vor, um mir einen Sherry einzuschenken.

„Skool“, brummte er, ohne mich anzublicken. Es hatte ihm wieder einmal behagt, Ort und Stunde durch ein Gegenbezügliches auszulegen.

„Wir könnten uns noch einen Toddy bestellen“, regte ich an. Er nickte beifällig. Die Kabinenjungfer, die ich herbeigeklingelt hatte, berichtete uns, daß wir grade Lodmundafjördur anliefen.

Draußen ist der Himmel milchblau. Zum erstenmal seit unserer Fahrt sehen wir die Sonne wieder. Sie beschmeißt die Ostküste mit einem faden Weiß. Diese Küste hat endlich den Schleier vom Gesicht zurückgeschlagen. Auf einer von schwarzen Felsen umrahmten Bühne erscheint auf morgendlichem Hintergrund ein schön geschweifter Vulkan.

Die „Enigheden“ bleibt vor der Lagune liegen, an deren Flanken sich die Ortschaft mit ein paar kistenförmigen Häusern aufbaut. Die wenigen Passagiere, Klippfischarbeiterinnen aus Eskifjördur, fahren in einer bäuchigen Motorbarkasse an Land. Ihre Kotztüten werden ihnen nach über

Bord geworfen. Wir staunen über die geringe Seefestigkeit dieser so kräftig wirkenden Isländerinnen.

Ein Hai zeigt seine Rückenflosse und schnappt nach den Tüten.

Die Felswände, aus waagrechten Doleritblökken aufgeschichtet, scheinen in ihrer Schwärze etwas angeschimmelt. Ein mageres Grasland zieht sich um ihre Schultern. Weiße Punkte mit scharfen Schlagschatten bewegen sich zögernd und wie in Zusammenhang über diese ungemein abschüssigen Almen. Es sind, wie wir erkennen, Schafherden, die da in großer Höhe und unmittelbar überm Absturz zum Meer hinab, weiden. Man spürt ihre Angst und Vorsicht an ihrem bedächtigen, irgendwie den Boden nicht loslassenden Äsen.

Gerade unter ihnen scheinen Spalten von gewölbehaften Dimensionen die Steilwand zu unterbrechen.

Trauerseeschwalben schlitzen ihren Geschwindflug durch dieses Geschehen. Orr-Schreier gaukeln in den Lüften. Und das Schwirrholzgeräusch, das der Eisalk mit seinen Stummelflügeln erregt, nimmt die Runde bis zu uns hin. Bei uns an Bord herrscht jetzt vollkommene Stille. Mir fällt ein Wort von Kapitän Silversen ein, daß Island, wenn man es auf seinem Längengrad in Fahrt setzen würde, in grader Linie den Südpol erreichen könnte, ohne unterwegs auf ein Festland, oder auch nur eine Insel zu stoßen.

Ich überzeugte mich im Kompaßhäuschen auf der Karte davon.

Es besagt nichts. Und doch ist es merkwürdig schockierend.

Grünbeschluchzt von Algenwasser tauchen die schwarzen Sockel der Küste in fast gleichen Intervallen aus der atmenden Dünung. Graugelbe Rinnen, die von langsam fließenden Mineralquellen eingeschliffen wurden, bilden Züge einer riesigen steinernen Maske.

ZEHNTES KAPITEL

Die Kabinenjungfer hatte ihre freie Stunde. Wir luden sie ein, bei uns Platz zu nehmen. Sie kam mit einer Näharbeit, über die sie sich mit silbern eingefaßter Brille beugte. Wir erfragten ihren Namen. Sie hieß Anna Sigurdardottir und war aus Reykjavik gebürtig, aus der Asvallagötu. Sie versah ihr Amt an Bord seit siebzehn Jahren und hatte manchen Sturm erlebt.

Mister Brygg brachte ihr ohne Umschweife zur Kenntnis, daß wir etwas von ihr erwarteten. Aber als sie ihn verblüfft ansah, nahm er sofort

Deckung hinter mir und sagte, ich hätte etwas auf dem Herzen.

Nun sah sie mich verblüfft an, und ich rettete mich, indem ich äußerte, wir wünschten, daß sie eine Flasche Porter auf unser Wohl tränke.

Anna lachte und meinte, ob das alles sei. Sie bediente sich und uns mit freundlicher Unverfänglichkeit.

„Man hat uns nämlich etwas von ihnen verraten", nahm Brygg wieder den Anlauf.

Anna errötete, was ihr bei ihren 47 Jahren gut stand.

Jetzt nahm ich die Hürde mit kurzem Sprung und sagte: „Es ist uns bekannt geworden, daß Sie isländische Geschichten, Sagas und dergleichen zu erzählen wissen."

„Welche Zumutung", entrüstete sich Anna und legte das Nähzeug auf den Tisch.

„Ich habe es mir gleich gedacht", sagte Brygg. „Es ist auch mehr das Anliegen unseres jungen Freundes. Mich interessiert Island nur insofern, als man dort fischen kann."

„Oh, das ist schade", wandte Anna ein. „Unser Island hat sehr viel mehr zu bieten."

„Geheimnisse", hieb ich schnell zu.

„Auch Geheimnisse", bestätigte die Kabinenjungfer.

„Elben, Trolle, Schärennixen, Widergänger, Gespenster?" fragte ich eifrig.

„Auch alles das, wenn Sie sich nicht über uns lustig machen wollen", bemerkte Anna.

„Erzählen Sie also", ermunterte ich sie und schenkte ihr ein.

Sie lachte, weil sie merkte, daß wir sie durch geschickte Gefechtsführung in den Hinterhalt dessen, was wir wollten, gelockt hatten.

„Wenn es sein kann, erzählen Sie etwas, wo Fische drin vorkommen", schob Brygg ein.

„Er ist unverbesserlich", entschuldigte ich meinen Freund.

„Oh, ich kann Ihnen beiden dienen", sagte Anna, die wir jetzt gewonnen hatten. „Für Mister Brygg erzähle ich also die Geschichte vom Fischer und seinem Sohn." Sie rückte sich zurecht, machte ein reizendes Märchenerzählergesicht und erleichterte uns das Zuhören, indem sie fortfuhr zu nähen.

„Da war Gudmundur, ein einfacher Fischer, wie andere auch. Eines Tages bei der letzten Ausfahrt vor Wintersanfang, vergaßen sie ihn auf einer Schäre. Man war ausgestiegen, um Treibholz zu sammeln. Es waren zwei Boote. Nacheinander fuhren sie hochbeladen von der Schäre ab. In jedem vermutete man, daß Gudmundur im anderen säße. Erst im Hafen merkten sie, daß er zurückgeblieben war. Schon sprang der Sturm auf, der den Winter einleitet, und sie konnten ihn nicht mehr holen.

Im Frühjahr, als das Wetter endlich die Überfahrt gestattete, luden sie einen Sarg auf, um den vermeintlich Toten heimzuholen. Sie trafen ihn lebend an und gut genährt. Verwunderlich erschien ihnen seine Schweigsamkeit.

Im Sommer stand plötzlich ein fremdes Kind vor der Dorfkirche und verlangte getauft zu werden. Es trug eine mit Goldfaden gestickte Decke um die Schulter mit wunderlich alten Mustern. Der Pastor gab die Angelegenheit bekannt und verlangte, daß der Vater sich melde. Es meldete sich keiner. Da kam eine Schärenmaid, bekannte sich als Mutter des Kindes und bot dem Pastor die goldene Decke als Lohn für die Taufe.

Gudmundur aber, weil er für sein Kind nicht eingestanden war, verwandelte sie in einen Pottwal. Sie auferlegte ihm, daß er sich nur aus seinem Bann lösen könne, wenn er nacheinander dreizehn Fischerboote zum Kentern brächte. Gudmundur wurde ein gefürchtetes Meerunwesen. Zwölf Boote konnte er im Verlaufe einiger Jahre vernichten. Die Fischer waren auf der Hut und versuchten ihm auszuweichen. Im dreizehnten, als er es endlich erwischte, saß als Rudergast sein inzwischen erwachsener Sohn. Er erkannte ihn, schwamm weg und blieb Fisch."

„Späte Reue tut selten gut", meinte Brygg besinnlich.

Die Kabinenjungfer schämte sich ein bißchen, daß sie sich zum Erzählen hatte bewegen lassen.

„Gut, daß die Geschichte in uralten Zeiten spielt“, phantasiert Brygg weiter. „Stell dir vor, Gudmundur wäre von einer dieser schwimmenden Tranfabriken aufgefischt worden. Welche Apprehensionen hätte ihm der industrielle Arbeitsgang verursachen müssen und wie hätte er Laut geben sollen, bitte?“

„Lassen Sie sich nicht durch seine Betrachtungen einschüchtern“, sagte ich zu Anna. „Er will mich nur um die mir zustehende Geschichte bringen.“

„Wenn es Mister Brygg ärgert, erzähle ich erst recht“, scherzte die freundliche Kabinenjungfer. „Dieses ist für Sie:

Im Haukadalur erzählt man sich, daß es unter den isländischen Bauern in alten Zeiten viele Hexenmeister gab. Da trug es sich zu, daß zwischen zwei Gehöften, die sich an den Wänden eines Tales gegenüberlagen, kochendes Wasser aus dem Boden brach. Es sprang in solchen Massen hervor, daß es das ganze Tal zu überfluten drohte. Die beiden Bauern waren einander feind. Und so versuchte der eine, das Wasser dem andern zuzutreiben, indem er seinen Knotenstock in die Erde steckte und in die Krücke biß. Je stärker er biß, desto heftiger flutete das Wasser in der Richtung des andern Hofes. Schon erreichte es die steinerne Einfassung. Da trat der zweite Bauer unter seine Tür, stieß seine Flinte mit dem Lauf in die Erde und biß in den Schaft. Je stärker er biß, desto mehr drängte er das Wasser von sich weg. Am Ende zeigte es sich, daß beide Bauern gleich stark an Zauberkraft waren. Das Wasser sammelte sich zwischen den beiden Höfen, höhlte sich eine Rinne und floß ab."

„Warum steckten sie ihre Stöcke in die Erde?" fragte Brygg, „telephonierten sie mit den unterirdischen Mächten?"

„Vielleicht kann man es so nennen", antwortete ich anstelle von Anna.

„Die Herren mögen sich das auf ihre Weise auslegen", warf Anna ein. „Man muß ja nicht denken, daß unsere Altvorderen noch dümmer waren als wir. Sie machten ihr Leben und wußten sich zu helfen."

„Und das ist eigentlich schon sehr viel", pflichtete Brygg ihr bei.

„Märchen sind vielleicht Formeln für eine andere Art Erfahrung als die unsere", wagte ich als Schlußpunkt zu setzen.

Brygg sah mich verächtlich an: „Lieber Junge, wir sind aber auf unsere Erfahrungen angewiesen und dürfen keine Zeit verlieren. Wenn du mal erst in die Mottenkiste hineingefallen bist – die hat keinen Boden – da verlierst du dich. Willst du das Streichholz zurückdrehen, bitte, zünd dir die nächste Zigarette mit einem Feuerstein an."

„Erzählen Sie noch eine ihrer Geschichten", wandte ich mich hilfesuchend an die Kabinenjungfer.

„Ich erzähle noch eine für Sie beide", sagte sie.

„Forir war alt und blind. Eines Abends, als er sich noch spät zum Ufer tastete, um sich an der Seeluft zu erfrischen, sah er innerlich einen Mann in einem eisernen Nachen an Land rudern. Der schritt auf Forirs Gehöft zu, grub ein Loch vorm Scheunentor, spie hinein und deckte es wieder zu. In der darauf folgenden Nacht schlug dort Erdfeuer aus und das ganze Anwesen stand in Flammen."

„Die Mottenkiste ist sehr verlockend", sagte ich, „aber du hast recht, wir müssen bei den Instrumenten bleiben, die wir anstelle der Ahnungen gesetzt haben. Denn das Ahnungsvermögen, das haben wir ihnen zuliebe preisgegeben."

„Früh krümmt sich . . ." grinste Brygg.

„Jeder hat etwas, womit er sich einen Namen macht", sagte Anna und sie fügte hinzu, das sei ein auf Island gebräuchlicher Spruch.

Wir waren uns einig darin, daß er stimmte.

Jungfer Sigurdardottir ließ es sich nicht nehmen, zum Abschluß der Unterhaltung eine von Bryggs schwarzen Zigarren mit uns zu rauchen. Sie hatte auf anmutige Weise wahr gemacht, daß die seefahrenden Menschen noch immer ein gutes Garn anzuspinnen vermögen.

ELFTES KAPITEL

Unsere Mitfahrer waren zartfühlende Menschen. Wir bekamen sie kaum zu Gesicht. Der rollende Seegang sorgte dafür, daß sie sich meistens in ihren Kabinen aufhielten. Wenn wir uns über die Reling beugten, sahen wir ab und zu, wie aus den Kabinen-Bullaugen eine hoffnungslose Hand hervorkam und einen gefüllten Pappbecher ins Wasser warf.

Hinsichtlich unserer Mahlzeiten zogen wir daraus Gewinn.

Auch der blonde Scheitel, der Brygg, anfangs der Reise, beschäftigt hatte, tauchte nur auf, um mit verstörten Zügen einen kurzen, rennenden Spaziergang auf dem Promenadendeck zu riskieren.

Brygg, als ich ihn wegen seines Erfolges befragte, brummelte nur ein ärgerliches „Zement". Und ich war zu schüchtern, um mich genauer zu erkundigen. Er beließ es dabei.

Um so besser verstanden wir uns mit den Schiffsleuten. Eines Abends kam der Kapitän zu uns in die Messe hinab und eröffnete das Gespräch.

„Sie sind Amerikaner, Mister Brygg?" fragte er. Brygg nickte.

„Wenn ich da so Ihren Studebaker auf der Ladelucke betrachte", fuhr er fort, „könnte ich mir vorstellen, daß Sie etwas vom Trampen verstehen.“

Ich unterdrückte einen Lachanfall. Brygg sah mich vorwurfsvoll an.

„Wir hören hier immer“, ergänzte der Kapitän, „daß man in Amerika so viel trampt. Es gibt Bücher und Filme darüber. Aber ich würde gern einen Fachmann in der Frage bemühen.“

Brygg gähnte geschmeichelt.

„Legen Sie ruhig die Füße auf den Tisch“, ermunterte ihn der Kapitän. „Ich vermute, daß es Ihnen das Sprechen erleichtert. In Reykjavik legten die Marinesoldaten die Füße auf den Tisch, bevor das Dessert kam. Das Dessert ist nämlich bei uns zulande immer Schokoladensuppe. Und die mochten sie nicht.“

„Bei Mister Brygg drückt diese Stellung nicht Behagen aus, sondern passive Resistenz“, warf ich ein.

Herr Silversen grinste, klingelte der Kabinenjungfer und bestellte drei Toddys.

„Ich hatte“, bequemte sich Brygg zur Rede, „vor einigen Tagen erst Gelegenheit, den Gegenstand gesprächsweise zu berühren. Somit darf ich hoffen, daß es mir gelingt, Ihnen einen Begriff vom Trampen beizubringen.“

Ohne Übergang die Tonart wechselnd, wandte er sich an mich: „Jedoch, zur Konzentration fehlt mir der Hut. Alter Junge, würdest du so gut sein ...“

„Gern“, antwortete ich, „aber ohne mich.“

„Gehorsamsverweigerung“, stöhnte Brygg und warf einen anklagenden Blick auf die Kajütendecke.

„Wenn Ihnen mit meiner Mütze gedient ist“, sprang der Kapitän ein.

Humpelnd und ächzend bewegte sich Brygg zum Garderobenständer und vervollständigte seine Person.

„Danke, Herr Silversen“, sagte er, „ich will meiner Würde nicht zu nahe treten.“

„Auch beim Haarschneiden pflegt Mister Brygg den Hut aufzubehalten“, schob ich begütigend ein.

Die Toddys kamen, waren heiß und reichlich.

„Wir waren unser sechs in Texas. Das heißt, der sechste, unser junger Freund hier, erwartete uns 1600 Kilometer weiter nördlich in St. Louis mit dem fahrplanmäßigen Blitzzug. Da fiel es uns plötzlich ein, wir könnten die Strecke als Tramps zurücklegen. Ohne Geld mit Güterzügen tagelange Reisen zu machen, ist in den Staaten die (verbotene) Gepflogenheit der Arbeitslosen.

Uns kam es darauf an, diese Lebensform auszuprobieren, ganz gleich, was wir dabei zusetzen mußten. Wir drahteten also unser Vorhaben nach St. Louis, und daß wir entsprechend später kommen würden. Unsere Koffer schickten wir voraus, nachdem wir uns als Tramps eingekleidet hatten. Wir vermuteten, daß eine gewisse Zerlumptheit dazu gehöre und hatten uns infolgedessen nach Art der indianischen Proletarier Pullover aus rotbedruckten Zementsäcken zurechtgemacht. Overalls und die karierten Jacken und Mützen der Plantagenarbeiter vervollständigten unsere Toilette. Hinzu kam der mit einer Krawatte zugebundene Schuhkarton, worin der wandernde Baumwollpflücker seinen Proviant verstaut. Und der unentbehrlichste Begleitgegenstand jedes Obdachlosen, das dicke Bündel Zeitungen: Bett und Bettzeug zugleich.

Nachts legten wir uns auf dem offenen Güterbahnhof in Texas, der Station Dallas, in Bereitschaft. Jedermann weiß, was ein ausgedehnter Güterbahnhof ist. Eine Stadt von Geleisen und Schuppen. Die Geleise laufen nebeneinander, durcheinander und übereinander hin. Wir standen vor der ersten und fast schon unlösbaren Schwierigkeit, das Terrain nicht nach Himmelsrichtungen, sondern nach Fahrtrichtungen zu sondieren. Denn jede Schiene änderte außerhalb des Ganzen die Direktion. Wie sollte man herausbekommen, wer und was nach Norden fuhr und nicht etwa bloß rangierte. Lokomotiven pfiffen gellend. Wagen ruckten. Züge wurden gekoppelt oder auseinandergenommen. Vermöge welcher Eingebung sollte man sich da zurechtfinden.

Tramps erschienen auch nicht auf der Bildfläche. Es gab da Männergruppen, die wir beschlichen und belauschten. Doch das waren Bahnarbeiter, Rangierer. Wir versuchten aus ihren Reden, Schreien und Pfiffen zu enträtseln, wo man nach Norden führe. Unmöglich.

Aus lauter Verzweiflung wurden wir unseres Vorhabens gründlich müde. Aber wir hatten die Koffer aufgegeben und mit Absicht unsere Geldmittel eingeschränkt. In dieser Stimmung vertrauten wir uns einfach dem nächsten besten Bahnwärter an. Er lachte ungläubig über unsere Behauptung, daß wir nur Salon-Tramps seien und meinte, jeder Tramp stelle sich so dar, als ob er nur um einer augenblicklichen Geldverlegenheit willen Tramp sei. Uns machte es Spaß, daß unsere falsche Echtheit so glaubwürdig schien.

Immerhin zeigte der Mann uns, unter der Hand sozusagen, einen Zug, der gerade zusammengestellt wurde und der 100 Kilometer nordwärts fuhr. Dann sollten wir umsteigen und nach neuem Anschluß suchen. Unerfahren, wie wir waren, sprangen wir in einen offenen Lorenwagen. Fünf Minuten später ging die Lokomotive tatsächlich unter Dampf. Wir hatten es kaum erwartet. Nachdem wir eine halbe Stunde nachtwärts gefahren waren, erkannten wir im Rest der westlichen Helle auf den Waggondächern hinter uns drei Gestalten. Aha, dachten wir, das ist die berüchtigte Bahnpolizei, die der Wärter verräterischerweise auf uns aufmerksam gemacht hat. Jetzt wird man uns mit vorgehaltenem Revolver zwingen, bei voller Fahrt abzuspringen. Gefehlt. Es waren die ersten echten Tramps, die uns im Gebiet von Texas zu Gesicht kamen. Verwitterte Burschen, aber besser rasiert als wir, und vor allem: besser angezogen. Wir hatten bei Tag noch genügend Gelegenheit, sie zu studieren. Einer war fast ein kleiner Dandy mit makellos weißem Strohhut und rosa Krawatte. Sie sahen uns stark über die Achsel an, hielten uns, glaube ich, für Mestizenproletariat. Im übrigen hatten auch sie das berühmte Bündel Zeitungen bei sich und den Schuhkarton mit Proviant. Soweit war alles richtig. Und wir stimmten wenigstens darin überein.

Wir verkrochen uns nun alle zusammen in den Windschatten der vorderen Ecke des Waggons und machten uns Betten zurecht aus den Zeitungen. Die echten Tramps zeigten sich sehr darum bemüht, daß eine Handbreit Abstand zwischen ihrem Lager und unserem Lager gewahrt bliebe. Wir fühlten uns gedemütigt und versuchten uns bei ihnen durch flüssig vorgebrachten Slang wieder in Ehre zu bringen. Auch das ging schief. Sie bevorzugten das gepflegteste Englisch in ihrer Unterhaltung und sprachen so wohlgesetzt wie eine Damengesellschaft in Neuengland beim Tee.

Auch unsere nach und nach zum Vortrag gebrachte Sammlung abgründiger Flüche verfing nicht. Wir blieben mit unserm Gelächter allein.

Über uns war noch klarer Himmel. Aber wir fuhren in eine Wand von schwarzen Wolken hinein. Mondlicht lag vielschattig auf unermeßlichen Baumwollfeldern. Der Zugwind pfiff auf dem offenen Wagen wie auf einer großen, eisernen Flöte. Die regelmäßigen Stöße der Schwellen wiegten uns in Schlaf. Unsanft wurden wir mit Fußtritten geweckt. Die fremden Tramps waren bis auf einen über Bord geklettert, und dieser eine rief uns zu: macht, daß ihr raus kommt. Der Wagen wird abgehängt. Die große Bewegtheit der Dinge um uns war wie erstarrt. Der Zug stand. Wir sahen vorne schon die Lokomotive Dampf speien, anrucken und langsam anfahren. Über Schotter und Schwellen stolperten wir hinter dem verkürzten Zug her. Der Atem zerstückelte sich zwischen rasenden Herzschlägen. An den immer schneller entgleitenden Wagen hopsten wir entlang, suchten eine nicht plombierte Tür. Plombenaufreißen, so belehrte man uns, wird mit Zuchthaus bestraft. Endlich, ein großer, gedeckter Güterwagen. Seine Schiebetür stand offen. Aber es galt, ohne Trittbrett hineinzukommen. Als wir die Holzplanken endlich unter den Füßen verspürten, konnten wir nicht mehr verstehen, wie es uns gelungen war, an Bord zu kommen. Drinnen aber fanden wir, prächtig auf ihren Zeitungen schlummernd, die eleganten Genossen. Wir natürlich hatten in der Eile das Bett des Tramps im Lorenwagen vergessen und konnten nun ohne Unterlage auf dem kokskrümeligen Boden hocken. Kalt und kälter wurde uns dabei. Verdrossen zogen wir die Tür zu.

Wieder kam eine Station. Wieder wurde der Zug anders zusammengesetzt. Jedoch diesmal waren wir flinker. Ein ganzer Trupp Neue war inzwischen hinzugekommen. Wir saßen nun mit 17 Mann in einem leeren Kühlwagen. Darunter zwei Neger. Unsere Zahl machte uns so kühn, daß wir, in der offenen Schiebetür sitzend und mit den Beinen baumelnd, ohne Scheu in die Gesichter der Stationsbeamten starrten, wenn der Zug irgendwo langsam durchrollte.

Allmählich tagte es. Wir hatten mehr als zehn Stunden Fahrt hinter uns. Oklahomalandschaft glitt draußen vorbei. Bäume, Hügel, Berge, ausgedehnte leere Felder. Einzelne Äcker. Eine geordnete Weite, die sich wie ein Riesenfächer um unsern Blick drehte. Stundenlang sauste der Zug mit hohlem Rauschen durch Laubwälder, die bis an die Schienen wuchsen. Dann wieder pfiff uns leere, helle, unabsehbare Ferne um die Ohren.

Wir hatten mittags bei längerer Rangierpause neue Eßvorräte in einer Ortschaft kaufen können. Konserven, Brot und Wurst. Beim Aufspringen kamen wir in den falschen Zug und mußten, diesmal hatten sich auch die echten Tramps geirrt, alle schleunigst herunter und einen anderen, eben abfahrenden beim Schwanz erwischen. Der Schwanz aber war ein flacher, langer Kohlenwagen mit Aufsatzbrettern und ohne Verdeck. Nicht mal eine Plane lag über der hohen Kohlenfracht. Wir waren schon schwarz, bevor wir drauf saßen. Das konnte uns gleich sein. Weniger gleich war uns, daß wir unsere Schuhkartons mit den frischen Einkäufen im falschen Zug vergessen hatten. Wir waren überzeugt, daß sie bei den eleganten Tramps ein schnelles Ende finden würden. Jene waren nämlich zwei Wagen weiter vor und in einem hübschen Benzol-Tank untergekommen. Sie saßen zwar auch kalt. Aber nicht dreckig.

Als nach 7 Stunden der Zug auf offener Strecke hielt, weil er den Gegenzug durchlassen mußte, kam einer der Tramps zu uns gesprungen und warf uns die völlig unberührten Schuhkartons zu. Wir waren hocherfreut und folgten ihm in den Tankwagen, um alles mit allen zu teilen. Aber selbst dieser Ausbruch von übertriebener Kameradschaftlichkeit wurde von ihnen verächtlich beurteilt. Sie aßen mit gelangweilter Miene. Einige lehnten sogar in unserem Interesse ihr Zugeteiltes ab und begannen hochmütig über unsere Vergnügtheit hinweg zu rauchen. Sie blieben uns gegenüber klassenbewußte Aristokraten.

Dieser einzige leere Wagen des Zuges wurde dann unterwegs abgehängt, und wir mußten alle auf die Kohlen. Inzwischen reiste der Zug immer mehr in einen richtigen Landregen hinein. Der eisige Fahrwind vermischte Kohlenstaub und Regentropfen. Nie habe ich mich je wieder so als nasser Kohlensack gefühlt. In den Kurven mußten wir uns gar noch an den scharfkantigen Steinkohleblöcken festklammern, um nicht vom Schwung runtergeweht zu werden.

Zuletzt wurde es so ungemütlich, daß wir fürchteten, steif zu frieren, falls der Zustand nur noch fünf Minuten dauern sollte. Mit steifgefrorenen Gliedern bei einer Fahrtgeschwindigkeit von mindestens 80 Kilometern wagten wir, von Wagendach zu Wagendach zu springen. Unser Ziel war ein großes, geräumiges Bremserhäuschen, das den Schlußwagen überragte. Es hatte einen qualmenden Blechschornstein und war anscheinend geheizt. Wir drangen vom Dach aus entschlossen in die Tür ein. Die Tatsache, daß unser Leben auf dem Spiel stand, gab uns den moralischen Aplomb. Das Gemach war voller Eisenbahner, die sich an einem kleinen Kanonenofen wärmten. Als sie uns erblickten, wurden sie unerbittlich. Sogar eine Pistole trat als Drohung in Funktion. Wenn sie auch, wie später allgemein festgestellt wurde, als ganz ordinäre Signalpistole erkannt wurde –, im Augenblick wichen wir doch vor der kleinen schwarzen Mündung zurück und mußten nun wieder im peitschenden Regen über die Dächer hüpfen. Diesmal gegen die Fahrtrichtung. Und dabei konnte man nicht nach vorn sehen. Es schmiß sich einem wie Sand ins Gesicht, in die Augen, in den Mund. Halb rückwärtsgewandt balancierten wir zögernd, während der Zug gleichzeitig über schwindelndhohe Hängebrücken orgelte. Viadukte, die wie gespannte Saiten sangen. Die Strecke der Texas-Missouri-Railway ist reich an ihnen. Am Ende blieb uns nichts Besseres übrig, als uns auf die Dächer zu legen und uns an den Ventilationshauben festzuklammern. Aber einer nach dem andern gab das auf und konnte fast nicht mehr. Von Mann zu Mann wurde brüllend die Devise durchgegeben, beim nächsten Ort, wo der Zug langsamer über die Stellgeleise wechseln würde, solle der Absprung riskiert werden. Wir verteilten uns daraufhin über die verschiedenen Schuttgatter der halbhohen Wagen und warteten auf den günstigsten Moment.

Ich war überzeugt, keinen Fetzen Haut mehr an den Händen zu haben. Dreck und Blut mischten sich zu einer klebrigen Masse, und der Brennnesselschmerz erfrierender Finger ließ das Schlimmste vermuten.

Vor und hinter mir hörte ich das klatschende Geräusch sich fallenlassender Leiber. Der Zug rollte wie durch einen Tunnel von Regen. Es war nichts zu erkennen. Die letzte Chance zum Springen schien für mich gegeben.

Auf keinen Fall wollte ich allein weiterfahren. So spreizte ich mich weit ab vom Gatter, hing nur noch mit einem Fuß und einer Hand am Wagen, stieß mich weit hinaus und ließ mich mit weichen Knien und hochgestreckten Armen in die Tiefe sausen. Ich schoß mitten in den wässerigen Dammgraben und war weich in Sumpf gebettet. Blasig stieg ruhiges Wasser an meinen Beinen empor, während ich mit verdutzten Sinnen das rote Schlußlicht des Bremserwagens wie einen glühenden Fuchsschweif fern in die Kurve gehen sah.

Wir waren Gott sei Dank unweit einer kleinen Rangierstation abgesprungen. Im Schein einer Bogenlampe traten wir mit schallendem Gelächter auf einander zu, betrachteten uns, versuchten uns wiederzuerkennen. Alle waren gut gelandet. An einem der großen Heißwassertanks für Lokomotiven trockneten wir uns notdürftig und verkrochen uns unter einen Bahnschuppen, der auf Stelzbeinen stand, um zu schlafen. Als wir den Boden nach trockenen Stellen abtasteten, stießen wir auf warme, atmende Leiber: die eleganten Tramps. Beruhigt sanken wir in tiefen Schlaf.

Als im schwachen Morgengrauen der erste Zug einlief, krochen 24 Mann unter dem Schuppen hervor. Darunter 7 Kriegsveteranen, die den Präsidenten in Washington besuchen wollten, um ihm ihre Lage zu schildern. Später hinzugekommen waren 4 Kalifornier und 8 Mexikaner. Wir trampten jetzt schon ganz öffentlich. Die Bahnbeamten nahmen überhaupt keine Notiz von uns. Wir konnten ungehindert einen ganzen Obsttransportwagen mit Beschlag belegen, als sei er für uns bestellt. Inzwischen mochten wir gute 700 Kilometer geschafft haben. Die zunehmende Kälte zeigte an, daß wir uns dem Ziel näherten. Der Versuch, auf einem plattgetretenen Kanister ein kleines Feuer zu unterhalten, wurde von dem grade vorbeikommenden Bremser vereitelt. Er drohte uns polizeiliche Verhaftung an, wenn wir das noch mal wagen sollten. Aber die Kälte hatte unsern Respekt vor der Behörde derart herabgemindert, daß wir, kaum war er außer Sicht, unsere Blechunterlage mit einigen zusammengekratzten Glutstückchen wieder hereinholten. Bei beginnender Fahrt gab es dann im geschlossenen Wagen ein kleines Lagerfeuer mit Obstkistenlatten. Der Rauch wurde durch die Kühlspalten und Ventilatoren schnell herausgesogen, und wir empfanden Wärme und Behagen.

Es dauerte nicht lange, da mischte sich in den Tannenharzgeruch unseres Feuers ein neuer, beizender Dunst, der uns husten machte.

Jemand schob mit dem Fuß die Blechunterlage beiseite. Da zeigte sich der Schaden. Der Plankenboden war durchgebrannt. Ein handgroßes Loch entwickelte sich durch den Unterzug schnell zur Weißglut. Wurde zum sprühenden Ring, der mit geisterhafter Geschwindigkeit um sich fraß. Wir schlossen die Ventilationsklappen, um den Durchzug zu vermindern. Aber der Fahrwind brauste trotzdem durch das glimmende Bodenloch herein. Der Ring schlug knisternd in Flämmchen aus. Olaf Runshaug, den Kopf an die Planken gepreßt, schrie: alle, die Wasser abzuschlagen hätten, sollten sich beeilen. Er selbst fing in liegender Stellung damit an. Es zischte und brodelte, doch der Luftzug riß das bißchen Naß über den Brandherd weg, ehe er richtig getroffen war. Anders Kiär öffnete die Tür, damit wir Luft bekämen. Die Blechplatte mit den Glutresten wurde hinausgeschleudert. Aber der Feuerring belebte sich zusehends, und wir mußten die Tür wieder zuknallen. Unser aller bemächtigte sich Ratlosigkeit. Wir sahen uns schon als Brandstifter vor Gericht. Äußerst unbarmherzig pflegt man solche Dinge in den Staaten abzustrafen. Der ganze Zug konnte Feuer fangen, wenn das so weiterging. Zwei Wagen hinter uns fuhr eine Kolonne Benzintanks. Da riß Lovely Peggy sich die schöne karierte Jacke vom Leibe und stopfte sie in das inzwischen tellergroß gefressene Loch. Anders Kiär folgte seinem Beispiel. Spuckend und hustend drehten wir diesen Korken aus Tuch immer fester in das Loch hinein, verbrannten uns die Hände. Es gelang uns, den Brand zu stoppen. Wir drehten und drehten. Die Ränder des Loches wurden schwarz. Wir zermahlten mit unserem Druck die Glut. Zuletzt gab es nur noch Qualm. Die Tür wurde geöffnet. Der Regen hatte wieder eingesetzt. Wir sammelten ihn in Blechdosen und erledigten das letzte Glimmen.

Später jagten wir durch reiche, morgenhelle Ländereien. Taufunkelnde Wiesen. Baumbepflanzte Ebenen. Wellblechhütten tauchten auf, eine nach der anderen. Schienenstränge mündeten in unsere Strecke. Eine Station war in Sicht. Einer nach dem anderen ließen sich die Tramps bei unverminderter Geschwindigkeit vom Wagen fallen, denn keiner wollte über diesem Tatbestand erwischt werden. Als Letzte sprangen wir ab, nachdem wir uns überzeugt hatten, daß sich kein noch so kleines Fünkchen im Brandloch verborgen hielt.

Ich schlug aufs Haupt und bekam eine Beule. Am Stationshaus trafen wir uns. Verluste waren nicht zu beklagen. Vom Trampen hatten wir genug. Die letzten 200 Kilometer, die uns noch vom Ziel trennten, machten wir des guten Stiles halber auf einem Lastauto ab, das Kalkladung führte. So kam zu unserer Kohlenschwärze noch ein Anstrich von Kreide. Auf der Hauptpost in

St. Louis telephonierten wir unsern jungen Freund an. Er holte uns dort mit dem Gerätewagen eines Radioreporters ab. Zwei Stunden später saßen wir in weißgekachelten Badezimmern und hörten uns im Rundfunk den Bericht über unsere Abenteuer als Tramps an. Das Echteste darin war unser Gelächter, mit dem der Reporter die Pausen ausgefüllt hatte, und das Lied, das wir ihm vorgesungen hatten.

Farewell Europa, farewell alter Narr.
Cap Lizzard ist deine Nase gar.
Nach Westen wir segeln, nach Westen zu Hauf,
dort geht eine neue Welt uns auf.
Eine Welt, wie Abendwolken glühend.
Eine Welt, wie Mohnfelder blühend.
Und wenn wir die Ladung haben an Bord,
dann reisen wir doch in die Heimat fort:
: Auf den hölzernen Planken zu Mama geschwommen,
die weiß ja was wir nach dem Kaffee bekommen."

ZWEITER TEIL

AUF DER SUCHE NACH ISLAND

ZWÖLFTES KAPITEL

Von den Passagieren, die mit uns zugleich in Bergen an Bord gegangen waren, gab es nur noch zwei, die die Reise mit uns teilten: der blonde Scheitel und die dazu gehörige Freundin.

Den „blonden Scheitel", eine reizende kleine Dame, traf ich öfter auf dem Promenadendeck. Sie war inzwischen seefest geworden, im Gegensatz zur Freundin, die mit leidenschaftlicher Beständigkeit das Bett zu hüten schien. Wenn Mister Brygg auftauchte, verschwand der „blonde Scheitel". Ich zog daraus Gewinn, indem ich die Beziehung mit einer Frage anknüpfen konnte.

Unter Hinweis auf die drohende Annäherung Mister Bryggs, gelang es mir, sie in unseren Studebaker zu ziehen, der auf der Ladeluke festgeseilt stand. Hier hatten wir es gemütlich und ungestört und saßen mit den Nasen in Richtung der Fahrt. Die baumelnden Zipfel der Zeltplane sicherten uns vor den Blicken der gelegentlich auftauchenden Mannschaft.

Es war mir daran gelegen, den Begriff „Zement", den Mister Brygg mit Bezug auf den blonden Scheitel geprägt hatte, zu klären. In diesem Sinne begann ich die Konversation, während die kleine Dame die gekreuzten Arme auf das Steuerrad stemmte und, Kinn voraus, durch die gesprungene Windschutzscheibe in den Gischt der Fahrt spähte.

„Hat Mister Brygg Sie enttäuscht?" fragte ich gradezu, nachdem ich mir sorgfältig eine Zigarette präpariert hatte.

„Mister Brygg hat mich nicht enttäuscht", sagte sie, „er hat sich nur eine Geschmacklosigkeit mir gegenüber geleistet."

„Welche, wenn ich fragen darf?"

„Ach", sagte sie und machte eine entzückende Schmollschnute, „ich hatte ihn mit einem gebildeten Mann verwechselt und erzählte ihm begeistert von meinem Besuch im Louvre."

„Ah", warf ich ein, „gnädiges Fräulein kennen Paris auch?"

„Ich war dort längere Zeit in Stellung", erläuterte sie.

„Inwiefern machte sich nun mein Freund einer Geschmacklosigkeit schuldig?" forschte ich verhüllten Eifers.

„Er erzählte, er sei vor Jahren auch mal im Louvre gewesen, aber er hätte nichts Neues darin entdeckt."

„Nichts Neues", spannte ich.

„Ja. Er sagte, er hätte sich bloß darüber wundern müssen, daß eine so alte Sache wie diejenige von Adam und Eva und der Schlange mit dem Apfel im Maul dort ausgestellt sei. Das hätte er schon als Junge unter den Witzen im ‚Esquire' gefunden."

„Sie hätten auf ihn mehr Eindruck gemacht, wenn Sie darüber gelacht hätten“, erklärte ich.

„Es lag mir nicht daran, Eindruck auf ihn zu machen.“

Ich holte das Gelächter nach, das sowohl Mister Brygg wie auch die kleine Dame versäumt zu haben schienen.

„Was ist er eigentlich von Beruf?“ fragte sie mit schlecht verhehltem Interesse.

„Brückenkonstrukteur“, sagte ich. „Überall auf der Welt finden sich Brücken von ihm. Daneben bezeichnet er sich als Meister der Angelfischerei.“

„Ich traue ihm nicht viel zu, was das Fischen betrifft“, erklärte sie mit gespitzten Lippen. „Und Sie?“

„Ich bezeichne mich nicht als Meister“, wich ich aus und näherte mich ihrem Mund.

„Oh“, sagte sie, „präparieren Sie mir auch eine Zigarette. Sie können Sie so hübsch mit den Fingern drehen.“

Die Deutung für Mister Bryggs Wort „Zement“ konnte ich in der Folge nicht finden.

DREIZEHNTES KAPITEL

Auf Anraten von Kapitän Silversen haben wir die „Enigheden“ in Husavik verlassen, um mit unserem Studebaker das isländische Hochland anzusteuern. Es ist der Hochlandsee Myvatn, den wir zu erreichen hoffen, ein angeblich fischreiches Gewässer. Dies endlich einmal absehbare Ziel scheint die Züge Mister Bryggs deutlich aufzuschärfen.

Auf dem ländlichen Stadtplatz holten wir bei einem Policeman, der ganz nach dem Muster eines englischen „Bobbys“ aufgetakelt war, über unsern mutmaßlichen Fahrweg und Straßenbeschaffenheit die ersten verbindlichen Auskünfte ein. Er riet uns, für einen guten Vorrat von Benzin besorgt zu sein. Wir hatten in der Heckklappe acht Flaschen Whisky und einen Kasten Soda unverzollt von Bord gebracht und fühlten uns in dieser Beziehung sicher. Es ging auf Abend, als wir starteten. Das Meer war ein grauer Spiegel. Das Land nach oben hin wolkengerändert. Wir hatten zuvor die Tragkraft der Reifen mit unbarmherzigen Fußtritten geprüft, die Mantelkragen abenteuerlich hochgestellt und unsere Gewichtigkeit in den Polstern arrangiert.

Ich hatte die Führung übernommen, um Brygg für die schwierigeren Teile des Weges aufzusparen. Kurzfristig ließ ich die Gänge knarren, denn es ging in engen Kurven bergan.

Brygg zählte im Geiste noch mal unseren Proviant durch: Schwarzbrot, Schinken, Stockfisch, Fruchtkonserven und zwei teure Zitronen, die wir auf Befehl des „Bobbys“ erworben hatten, für den Fall, daß wir im Wagen seekrank werden sollten. Aber was wir antrafen, entsprach bei weitem nicht unseren Erwartungen. Der Weg ging nämlich nach kurzer Zeit in Treppen über. Und zwar solche, bei denen die Stufen durcheinander gewürfelt sind. Rüttelnd und stampfend wie ein Trawler bei Eisgang kroch der Wagen vorwärts.

Brygg versuchte durch intensives Pfeifenrauchen eine gewisse Beruhigung über das Geschehen auszubreiten. Sein in Gefaßtheit versteinertes Gesicht strömte Besänftigung über jeden Stoß aus, der die Eingeweide des Studebakers erschütterte. Wir flogen wie die Federbälle, auf den Rackets der Polster hin und her gespielt. Wir hatten an Bord noch ganz besonders gut gespeist, schon der Abschiedszeremonie zuliebe und mußten jetzt von den Zitronen Gebrauch machen.

Husavik, grau und sauber ins dünne Grün seiner Wiesen gesetzt, verschwand hinter uns. Das Meer sank sichtlich in die Tiefe zurück, während der Horizont mehr und mehr anstieg. Nach drei Stunden Fahrt dampfte unser Kühler wie ein Samowar, und wir mußten einen Teil unseres Sodavorrates für ihn opfern, da hier die Quellen so eigensinnige Wege nahmen, daß wir sie nicht erreichen konnten. Endlich hatten wir das Hochland vor dem Wagen.

Ein baumloses Gelände, braungrün getönt, von niedrigen Hügelbergen durchzogen, breitete sich rundhin aus. Die Straße verlief in weichen, oft unkenntlichen Linien durch lehmige Löcher und Kulen. Hier gab es dann Wasser genug in Form von ausgedehnten Pfützen. Es peitschte uns durch die zersprungene Windschutzscheibe ins Gesicht. Auf immer noch leicht geschrägter Ebene stiegen wir an. Die Dämmerung ließ Schleier von Nebel auf uns nieder. Der Sichtkreis war schließlich auf fünf Meter beschränkt. Ruckend und hüpfend humpelte der getreue Wagen dahin und mit ihm humpelten und hüpften unsere gepeinigten Leiber.

„Jetzt ist Nacht", murmelte Brygg, und da es keineswegs der Tatsache entsprach, wollte ich ihn verwundert anschauen, was mir aber nicht gelang, da die hüpfende Wagendecke ihm den Diplomatenhut bis auf die Nase ins Gesicht getrieben hatte. Ich zog die Bremse und korrigierte seinen Anzug. Er bearbeitete in schweigendem Verdruß die Islandkarte, die er aus der Tasche der Wagentür gezogen hatte.

Es hatte also noch gute Weile bis zum Myvatn. Die Karte verriet nicht eben deutlich, auf welche Weise man am besten dorthin kam.

Ich gab Gas und wir hüpften weiter. Jedoch ohne Hut. Brygg kontrollierte den Flaschenkoffer, nicht ohne den Whisky zu bemühen. Er meinte, man müsse den Whiskyvorrat auf der gleichen Stufe wie den Sodavorrat halten. Sonst sei man später genötigt, den Whisky pur zu trinken. Er reichte mir die Flasche, und ich kräftigte mich.

Der Weg nahm die Runde durch ein Stück Sumpf. Der Studebaker schnarchte und gurgelte. Mister Brygg war wieder guter Dinge. Er sang:

Blas den blauen Mann herunter,
blas ihn tief herunter, mein Sohn,
blas ihn vom Topp herunter in die tiefe, tiefe See.

Ich schraubte den Wagen mit entschlossener Hand durch einen Tunnel ziehenden Dunstes. Es nachtete. Der Scheibenwischer lahmte. Die Scheinwerferlampen plierten durch eine Schicht von Lehm.

Da stand mitten auf den schwachen Wegspuren, die durch die wilde, moosige Brache führten, ein bleichweißes Wesen, langschädelig, von flockigem Haar umwallt, stand und dräute uns spitzohrig und dunkeläugig entgegen.

Ich drosselte den Motor und versuchte das Wesen mit kurzen Rucken von der Fahrbahn zu vertreiben. Vergeblich. Blicksprühend stand der knollenbeinige Troll am Platze. Ich ließ den Motor mit Hilfe des Anlassers hustende Geräusche von sich geben. Das Wesen rührte sich nicht. Ich streckte den Kopf rechts und links aus dem Wagen, um nach einer Ausweichmöglichkeit zu suchen. Es gab keine. Bemooste Steinschollen, groß wie Waschkörbe, säumten unsere Bahn. Ich zog mich zurück und entschloß mich zum Äußersten, der Hupe. Sie sprach mit Kehlstimme an, wie eine verstopfte Jazztrompete. Selbst diesem fürchterlichen Laut wich das Wesen nicht.

Jetzt trat Mister Brygg in Aktion. Wie bewunderte ich seinen Mut, als er den Wagenschlag öffnete und in den fußtiefen Schlamm sprang. Er aber wandte sich mit ruhiger Stimme zu mir zurück und sagte: „Mein Hut, bitte."

Dann trat er dem Wesen entgegen. Ich stellte den Motor vollends ab und konnte in dem schönen Schweigen, das sich sofort ausbreitete, seine wohlgesetzte Rede hören.

„Herr Pferd", begann er –, „hochverehrter Nebenbürger auf diesem in manchem Betracht unsicheren Planeten" (und er lüftete höflich den Hut).

„Ich verstehe", fuhr er fort –, „daß Sie wenig geneigt sind, auf einem Gebiet, das offenbar Ihnen allein zur Verfügung steht, schüchternen, unerfahrenen Reisenden Platz zu machen. Dennoch (und er wies mit flüssiger Handbewegung auf den Studebaker) hier ist Ihr späterer Genosse, ein Pferdeersatz, in dem sich die Kraft von mehreren Gespannen vereinigt, stählern und feurig, gutmütig im Prinzip, jedoch störrisch nach Bedarf und darin Ihnen ähnlich. Ich denke, wenn Sie es recht überlegen, sollten Sie sich besser zum Nachgeben entscheiden. Denn wir (seine Stimme erklomm den Gipfel des Drohenden) verfügen über ein Potential, das dem Ihrigen bei weitem überlegen ist. Bevor wir also dazu übergehen, Ihnen weh zu tun, wählen Sie den Pfad der Versöhnung und treten ein wenig beiseite."

Er stülpte den Hut wieder auf den Kopf und zeigte fordernd und zuwartend nach rechts.

Das Pony besann sich nicht lange, es warf den lichtbemähnten Schädel hoch, schüttelte sich die Locken aus den großen Augen und hob anmutig einen Huf.

„Recht so, junger Freund", bekräftigte Brygg. „Recht so –, versuchen wir erst gar nicht, gegeneinander zu trotzen. Denn wir, angewiesen auf diese enge, lehmige Rinne, können nicht so leicht ausweichen wie Sie. Lassen Sie sich erweichen. Treten Sie beiseite."

Und er schwenkte, in halber Verbeugung stehend, den Hut beschwörend hin und her.

Das Pony, endlich bezwungen von so viel ernster Feierlichkeit, nahm einige zierliche Schritte nach rückwärts. Schließlich, mit fast lautlosen Tritten, setzte es rechts in den Nebel hinein, ließ seinen langen, frauenhaarweichen Schweif spielen und war verschwunden.

Brygg ließ sich erschöpft in die Polster sinken, zog die Schuhe aus und goß sie aus dem Fenster.

Ich ließ den Anlasser schnurren. Krächzend sprang der Motor an. Wenig später mündeten wir in eine brauchbare Straße, die die Nähe von menschlichen Siedlungen vermuten ließ.

„Schade", sagte Brygg, „daß man einem Pferd keine Zigaretten anbieten kann."

Und als er meinen Frageblick spürte, fuhr er fort:

„Dieselbe Sache wie damals im Hochland von Bolivien. Ein Mitarbeiter von mir, spanischer Ingenieur, wollte es sich nicht nehmen lassen, mich in seinem Modellwagen spazieren zu führen. Da hatten wir einen exzellenten Fall von Besänftigung sehr störender Dinge durch ein bißchen Rauch. Die Straßen in diesen 5000 Meter hohen Gebirgen bieten nicht mehr Raum, als zwei Männer brauchen, die in Konfektionsanzügen mit wattierten Schultern nebeneinander gehen. In den Kurven spiegeln die Kotflügel ganz unverbindlich die Abgründe. Kommt auch vor, daß das äußere Hinterrad in der Luft dreht. Wir fuhren und fuhren mit zunehmendem Vergnügen. Vor jeder Kurve gab mein Spanier energisch Signal. Er wollte mich zu irgendeiner dieser verschollenen Zinnminen bringen. Vielleicht hatte er dort auch eine schon längst fällige Inspektion durchzuführen, ich weiß es nicht mehr genau.

Mir war jedenfalls anempfohlen worden, die Landschaft zu genießen. Während ich mich darin übte, erfloß er sich zunehmend in die Kurven, die er immer schöner ausfuhr. Als uns nach vierstündiger Fahrt immer noch kein anderer Wagen begegnet war, gab er das Hupen auf und ging stumm ans Werk.

Zwei Stunden lang hatten wir Glück. Aber an einem höchsten Punkt der Straße, wo die Kurve fast spitzwinklig verlief, gab es einen prächtigen Knall, der von Knirschen und Krachen gesäumt war. Zwei Sirenen heulten zu spät gegeneinander los. Zwei Wagen drängten sich wie Stiere schräg mit dem Kühlergehörn an den Abgrund hinaus und blieben, es war das reine Wunder, noch grad so hängen, während die Motore im Wesenlosen bebten.

Die beiden Spanier, so etwas sah ich noch nie, sprangen bleich aus ihren Wagen an der Innenseite, schritten bleich, mit glimmenden Spanieraugen aufeinander los, griffen mit ihren langen edlen Händen in ihre Rocktaschen, brachten fast zu gleicher Zeit zwei Etuis zum Vorschein und boten sich bleich mit knisternden Blicken Zigaretten an. Im allgemeinen Rauch ging der Nervenaufruhr wortlos unter. Der am wenigsten beschädigte Wagen war der unsere. Er wurde rückwärts aus dem anderen herausgezogen, bis er wenden konnte. Er bewies seine Modellqualität, indem der

Motor schadlos lief. Zu dritt reisten wir fröhlich und unverrichteter Dinge zum Ausgangspunkt zurück und ließen den erledigten Wagen einfach so hängen, wie er aufgelaufen war. Ein Garagist stürzte ihn dann in den Abgrund. Die Versicherung erledigte den Rest."

„Schön, Mister Brygg", sagte ich. „Sehr schön. Aber zum Pferd mit der Zigarette und zu den Spaniern mit der Zigarette kann ich noch einen dritten Fall beisteuern. Als wir bei schweißtreibender Hitze mit der „Eveline" Honduras anliefen, hatten wir Gelegenheit zu ermessen, was Tropenkoller ist. Wir saßen in der Messe beim Kaffeetrinken. In ruhiger Freundlichkeit ging alles vonstatten. Morten Reymert schenkte höflich unserm Anders Kiär die Tasse voll. Anders Kiär bot höflich Morten Reymert die Sahne an. Nur das Gelee war sehr knapp bemessen. War es nun, daß Reymert so viel Gelee nahm, daß für Kiär, der als ausgesprochener Marmeladenesser bekannt war, nurmehr ein Löffel voll übrig blieb, oder kam es daher, weil Reymert sich das Gelee auftat, ohne es zuvor Anders Kiär angeboten zu haben; kurz und gut, er ergriff unvermittelt seinen Teller und schmetterte ihn, weiß vor Zorn, dem Reymert an die Stirn. Die Stirnhaut klaffte sofort in einer breiten Spalte auseinander. Blut floß und mischte sich mit dem Schweiß zu einer roten Maske.

Alle erwarteten, daß der Kampf beginne. Aber Reymert blieb gefaßt.

Auch Anders Kiär hatte sich sofort wieder beisammen. Galant griff er in die Seitentasche, öffnete mit galanter Eile sein Etui. Reymert, sein Taschentuch an die Stirn pressend, tat das gleiche. Beide bedienten sich. Der Blutende bot dem andern das Feuer. Der Zwist ging in Rauch auf. Und einer von uns trug acht Tage lang einen weißen Turban.“

VIERZEHNTES KAPITEL

Wir haben Myvatn wirklich erreicht. Es ist zwei Uhr morgens. In unseren Mägen herrscht Seegang mit Geröll. Schlechter Geschmack auf der Zunge. Die Zitronen sind abgenützt. Wir haben sie häufiger, als erwartet, unter die Nase führen müssen.

Lobenswerterweise ist ein Gehöft hingelagert an das milchige, weite, von Inseln gefleckte Wasser des Sees. Wir sitzen in der Stube. Der Studebaker steht draußen, schmutzverkrustet und stark gealtert.

Das einzige Fenster der Stube ist nicht größer als ein Briefbogen. Lustlos starren wir das kalte Essen an, das vor uns steht. Es besteht aus gekochtem Lachs, erfrorenen, süßlich schmeckenden Kartoffeln und der berüchtigten, von Kapitän Silversen erwähnten Schokoladensuppe.

Der Bauer ist gleich wieder schlafen gegangen, nachdem er uns für gutes dänisches Geld bedient hatte. Wir sind hundemüde. Betten sind ringsum nicht zu sehen. Nur Bänke, die ihre Härte gegen mancherlei Abnützung erfolgreich verteidigten. Wir gehen hinaus und holen uns jeder eine Whiskyflasche aus dem Heckverließ, um etwas weicher zu liegen.

Mit Island wurde es jetzt Ernst. Das konnten wir merken. Auf dem Hochland lag drückend eine gelbe, vollendete Einsamkeit. Sie machte sich deutlich durch ein Geräusch, vergleichbar dem Knistern eines Ameisenhaufens.

Ich habe selten eine so merkwürdige Nacht verbracht wie diese meine erste auf der Urväterinsel. Dunkel wird es hier oben überhaupt nicht. Eine unentwegte Helligkeit schabte unsern Schlaf dünn wie ein Zeitungsblatt. So glaubte ich, inmitten fahriger Träume einen Gesang unter dem Fußboden der Stube zu vernehmen. Da das Haus zu ebener Erde lag und der Sumpfigkeit halber nicht unterkellert war, mußte ich meinem Ruhekissen die Schuld für die Halluzination zuschreiben. Ich wurde hellwach darüber. In dünnen, klaren Tönen wurde da unterirdisch eine Art Solveigslied gesungen. Die eisschmelzende Trauer der Melodie drang mir durch alle Poren.

Ich sah Brygg röchelnd in seinen Schlummer vertieft. Er hatte sich in seinen Mantel und die karierte Autodecke gewickelt und den Diplomatenhelm aufs Gesicht gestülpt. Auch bei ihm ging der Schlaf nicht ohne Anstrengung ab. Ich mochte ihn nicht wecken, lag aufgestützt auf meinen Planken, rauchte und verspürte die Härte meines Skeletts.

Unbefriedigend war das Aufstehen, als die Familie des Bauern gegen sieben langsam, aber polternd aus ihrem Schlafgemach ausbrach und den Geruch sumpfiger Betten in die Stube trug.

Mister Brygg blickte aus herbstgewässerten Augen irr um sich, als er erwachte.

Man hat allerlei beschlossen, und es wird sich zeigen, ob es sinnvoll war. Zunächst: den Wagen haben wir auf dem Hof des Bauern abgestellt. Eine große Zeltplache soll ihm Ruhe und Wetterschutz sichern. Ihre Ränder haben wir mit Lavabrocken beschwert. Dann: die Rucksäcke sind mit Umsicht gepackt. Das Angelzeug ist beieinander. Da kein Soda mehr da ist, werden wir hinfort mit dem Whisky allein vorlieb nehmen müssen. Ferner: wir durchrudern das Myvatn und werden bei Gelegenheit sein Südwestufer erreichen. Das Boot, das uns der Bauer leiht, ist schwarzgeteert und hat 4 Ruderstangen. Nach ungefährer Beschreibung sollen wir den Landungsplatz ermitteln und das Boot dem Vater des Bauern, der dort in einem Einödhof haust, abliefern. Vom Vater können wir dann Pferde bekommen für unseren weiteren Weg durch die Lavawüsten des Hochlandes. Er wird uns nach dem Kvitarvatn, dem „Weißen Wasser", führen, dem größten Gletschersee Islands; nach Auskunft von Kapitän Silversen das verheißungsvollste Fischwasser. Unsere Zukunft enthält Aufregungen. Prüfungen sind, wir ahnen es bereits, in Mengen zu erwarten. Wir werden die Landschaft von Tag zu Tag wechseln, und unserer Neugier wird geholfen. Derjenigen Mister Bryggs auf Fische und der meinen auf Tiere, Steine und Stimmungen.

Wir stachen in See. Ich nahm die Ruder, und Brygg ließ seine Köderfliegen hüpfen. Er hatte mehr Glück als Geschick und fing in Kürze einen ganzen Kranz Forellen zusammen. Wir stiegen an einer Lavainsel aus, um uns aus trockenem Moos und Krüppelheide ein Feuerchen anzurichten, darin wir die Beute brieten.

Aus dem halben Tag wurde ein ganzer, und die Nacht hüllte uns erneut in ihre gelbe Helligkeit. Der beschriebene Steg am Südostufer war noch lange nicht in Sicht. Mister Brygg posierte die Zufriedenheit des Sonntagsjägers, der endlich mal zum Schuß gekommen ist. Einsamkeit und

Kälte sanken auf uns herab. Das Wasser spiegelte uns in schaler Ruhe. Achtern war wie ein Flaggenstock die meisterliche Rute angebracht. Sie zog, gleichsam selbsttätig, die Federfliege in kleinen Rucken durch unsere Kielspur. Die Kurbel schnurrte. Signal für Bryggs zögernde Hände, sich eifrig zu betätigen. Dann zappelte die Forelle uns zu Füßen. Schwefelinkrustierte Zwergkrater umstanden überall die weite Seefläche. Fern ein tuffgrauer, spitzer Berg.

Als die Forellen nicht mehr beißen wollten, teilte Brygg das Rudern mit mir. Wohlgelaunt, wie er war, begann er zu erzählen.

„Dieselbe hoffnungslose Verlassenheit, wie damals in Brasilien", sagte er.

Österreichische Offiziere, durch den Frieden arbeitslos geworden, hatten sich einer betrügerischen Auswandererfirma anvertraut und für ihr letztes Geld eine Verpflichtung unterschrieben, in Parana zu siedeln. Parana ist die entlegenste Provinz Brasiliens. Mit Frauen, Kindern und Burschen waren sie per Dampfschiff, Eisenbahn und Lastauto an Ort und Stelle geeilt. Sie fanden eine in jeder Beziehung unmögliche Situation vor. Die neuen Straßen, von denen man ihnen erzählt hatte, waren noch nicht einmal abgesteckt. Die Crtschaften, die man ihnen auf der Karte gezeigt hatte, bestanden zunächst nur aus Lagern von Wellblechplatten, die noch nicht zu

Häusern zusammengefügt waren. Aber vorurteilslos und landesunkundig, wie sie waren, bequemten sie sich der Sachlage und begannen frisch mit der Arbeit. Einen Mann, der aus diesem Krieg heil nach Hause gekommen ist, kann so leicht nichts umwerfen. Sie rückten dem Wald zuleibe wie einer feindlichen Stellung. Sie brannten die Dschungel ab, als rollten sie im Stoßtrupp einen Graben auf. Jedoch, sie hatten sich in ihren Wiener Frauen verrechnet. Wenn auch sonst in allem tapfer, diesen Lebensstil konnten sie nicht durchhalten. Sie verließen ihre Gatten, die sich draußen auf den rohen Äckern mit Mais, Manjok und Batates abschufteten. Sie hofften irgend eine größere Stadt zu erreichen, um sich dort ihren Lebensunterhalt auf zivilere Art zu verdienen. Sie kamen nicht weit. Schon nach den ersten 100 Kilometern machten sie Panne mit dem entführten Lastauto, und wurden von den Caboclos, gesetzlosen Indianermischlingen, aufgelesen und in deren Blechkanisterhütten aufgerieben und verbraucht, ohne je ihre Männer wiedergesehen zu haben.

Die verlassenen Gatten mußten die Suche bald als eine vergebliche einstellen, resignierten und versuchten, weiterzuleben. Sie plagten sich mit Bienenzucht. Fütterten Schweine auf, deren Fett sie ausließen und in leeren Benzintanks einmachten. Das Fleisch, soweit sie es nicht sofort verzehrten, mußten sie in die Dunggruben werfen. Es ging in dem feuchtheißen Klima schon nach einer halben Stunde in Fäulnis über.

Nichts blieb den Offizieren erspart. Ihre Burschen erkannten bald, daß in diesem Urwaldkampf die Chancen für jeden Mann gleich standen. Rang galt nichts. Arbeitskraft alles. Je gleichmäßiger die Anforderungen des Existenzkrieges sich verteilten, je unerbittlicher das Ringen mit der Wachstumskraft des Dschungels wurde, desto mehr verwischten sich die Schranken des Herkömmlichen. Die Burschen machten sich ihrerseits selbständig, lösten sich von der Siedlung, nachdem sie gelernt hatten, wie man Äxte stiehlt.

Von diesem Zeitpunkt an bröckelte das Unternehmen auseinander. Einer nach dem anderen zog aus und suchte nach besserem Boden. Übrig blieben allein die älteren unter den Offizieren, die ergrauten Aristokraten. Hoffnungslos und ohne Zukunft aßen sie tagaus, tagein die selben schwarzen Bohnen, destillierten sich aus Zuckerrohr einen erbärmlichen Schnaps, um gegen die Zersetzung von den Mosquitos und der Hitze her zu bestehen.

Als wir, ich glaube Olaf Runshaug war dabei, die gerüchteumwobene Urwaldrodung aufsuchen wollten, war die einzige Picade, die dorthin führte, schon wieder zugewachsen. Eingeborene hieben uns für ein beträchtliches Stück Geld den Weg frei. Die Siedler hatten es nämlich schon aufgegeben, die Straße, die ihre letzte Verbindung mit der Welt darstellte, zu unterhalten.

Sie hatten überhaupt alles aufgegeben in den vier Jahren ihres Kampfes. Nur das Eine nicht: die Form. Die große Form feudalen Lebens.

Zwei alte, schwarzverbrannte, ausgewitterte österreichische Hidalgos trafen wir an. Und sie spielten umschichtig, Woche für Woche, einer des andern Diener. Einer des andern Koch. Einer des andern Stiefelputzer, Hausbursche und Groom. Von den Resten ihres wappengeschmückten Geschirrs speisten sie in erlesener Gepflegtheit ihren scheußlichen Bohnenbrei. Sie begrüßten uns mit der Würde von Schloßbesitzern in ihrem Wellblechschuppen. Sie führten mit unnachahmlichem Anstand das edle Gefecht um den Vortritt an der ausgerenkten Türe.

Es war erschütternd und bedrückend, zu sehen, wie sie sich mit mokantem Lächeln und gut gespielter Servilität das Frühstück aufwarteten oder sich mit der Zuckerzange ein Stück Glut aus der Herdasche klaubten und zur grünen, selbstgedrehten, unmäßig bitteren Zigarre reichten.

Sie hausten in der letzten, vom wuchernden Wildwuchs noch nicht gesprengten Hütte. Mit stumpfen alten Haumessern, die ihnen die Burschen gelassen hatten, erneuerten sie lediglich jeden Morgen den Pfad zu den eingekreisten

Lichtungen, wo ihre letzten Bohnen und Maispflanzungen verwilderten.

Gott ist mächtig, war ihr Spruch –, aber der Wald ist mächtiger.

FÜNFZEHNTES KAPITEL

Der Landungssteg ist gefunden, auch der Einödhof. Fast wären wir an ihm vorbei gelaufen. – Man stelle sich einen stark verkrauteten Rasen vor, von der Dichte eines Teppichs. Der Teppich hat sich an einer Stelle mit einer schwachen Falte gehoben. In den Hohlraum, der entstand, ist eine Hütte hineingebaut, mit Dach und Tür und Fenster. Oder, anders ausgedrückt –, die Hütte sieht einem Schäfer ähnlich, der prüfend die grüne Steppdecke lupft, um festzustellen, ob es schon Tag ist. Die Wände dieser Hütte sind aus Torfsoden gemauert. Nur das Dachgebälk, die Fensterrahmen und die rotgestrichene Tür sind von Holz. Kleine Pferdchen stelzen, trotz der nächtlichen Stunde, fressend auf der Wiese umher. Ein behelfsmäßiger Wall aus Lavablöcken hegt das Ganze ein.

Auf Beinen, noch betäubt von der stundenlangen Bootsfahrt, näherten wir uns schwankend dem unvertrauten Anwesen. Die Tür war verschlossen und widerstand unserm mehrfachen Rütteln. Dann erst entdeckten wir, daß neben dem Fenster, im Schatten der Erdwand zu Seiten des Hauses, ein alter Mann auf einer Lattenbank saß.

Er hatte unser Klopfen anscheinend nicht bemerkt. Er wandte nicht mal den Kopf, als wir ihn anriefen. Wir ließen unsere Rucksäcke vor ihm zu Boden krachen und brachten uns in die Blickrichtung seiner Augen. Brygg versuchte sein mit Dänisch vermischtes Isländisch an ihm und wünschte dröhnend „Gute Nacht". Aber der Alte hatte sich an der nächtlich goldenen Helle des Myvatn festgestarrt. Mißvergnügt hob er die Lider zu uns. Seine Augen erschienen, hellgesäumte Nachtvogelpupillen. „Jau", erwiderte er als einziges.

Brygg flüsterte mir zu: „Der ist kalt wie der Kesselhaken in einem künstlichen Kaminfeuer." Dröhnend wandte er sich dem Alten zu und brachte vor, daß wir von seinem Sohne, jenseits des Sees, kämen, daß wir das Boot mitgebracht hätten und daß wir ihm anempfohlen worden seien.

„Jau", sagte der Alte und zog die merkwürdig steile, altmodische Wachstuchmütze fester, die auf seinem hohen Schädel saß.

„Wir wünschten zu übernachten", brüllte Brygg ihm ins Ohr. „Wir wünschten unter seiner Führung und mit seinen Pferden zum Hvitarvatn zu reiten", ob er einverstanden sei.

„Jau", sagte der Alte, brachte eine Art Pulverhorn aus seiner Jackettasche zum Vorschein, entstöpselte es und legte die Öffnung an sein Nasloch, um tief und nachdrücklich zu schnupfen.

Seine schlaffen Züge belebten sich mithin. Er erwachte sichtlich. Er konnte plötzlich ohne Mühe, ja gradezu federnd, aufstehen. Er stampfte mehrmals mit dem rechten Fuß auf, wahrscheinlich um die guten Wirkungen der Tabaksprise über alle Nerven seines mürben Körpers zu verteilen. Dann erst nieste er. Ein Ton, darin sein ganzes Selbst kraftvoll und mächtig offenbar ward. Jetzt fühlte er sich so weit in Besuchsform, daß er uns sein Pulverhorn anbot. Mister Brygg schnupfte, nieste und verlor den Hut. Ich schnupfte, nieste und spickte einen meiner Schuhe zwei Meter weit von mir. Unbegreiflich, wie mir das gelang.

Jetzt erst öffnete der Alte mit einem pfundschweren Schlüssel die Tür. Wir folgten ihm in ein fisch- und heuduftendes Dunkel. Er zündete eine eiserne Talglampe an.

Brygg trug zur Vorsicht erneut unsere Wünsche vor. Er mußte nicht brüllen. Er wurde in allem verstanden. Aber mehr als ein „Jau" erhielt er nicht zur Antwort. Uns mußte es genügen. Vergnüglich war der Alte nicht.

Brygg erriet, daß es eines besonderen Schlüssels bedürfe, um diese Seele zu öffnen. Auf einen Wink von ihm packte ich eine unserer Flaschen aus und stellte sie betont feierlich auf den Tisch. Ohne Umschweife sei es gesagt: das machte Eindruck. Es löste bei dem Alten eine Serie von Handlungen aus, die wiederum auf uns Eindruck machten. Er warf einen schwarzen steinigen Fladen auf den Tisch, der sich beim Befühlen als Brot erwies. Dazu geräuchertes Schaffleisch mit Grünspan in den Falten. Wir rückten drei Kisten um den Tisch zusammen, schenkten Whisky aus und begannen zu speisen. Außer dem Flüssigen lehnte der Alte alles ab, was wir beizusteuern hatten. Sein zweites Wort nächst dem „Jau" war „Skool". Er hob gern den Becher. Das goldene Naß löste seine Zunge und, sachte, sachte, auch uns.

Es ist nun zu berichten, was in der Folge geschah, ungeachtet dessen, auf welcher Ebene des Seins es vor sich ging. Die Verständigung klappte nämlich plötzlich. Die sprachlichen Schranken wichen ins Wesenlose zurück und das Erörterte vermischte sich zur Einheit mit dem, was sich ereignete.

Wir hatten da –, so jedenfalls wollte es später unsere eigene, etwas unsicher gewordene Erinnerung wahrhaben –, einen letzten Nachkömmling der Skalden vor uns, einen Bewahrer alten Zaubergutes, Kenner von Sprüchen, welche Tier in Mensch und Mensch in Tier zu verwandeln vermögen.

Wir setzten – so muß es sich abgespielt haben – den Behauptungen unseres Wirtes eine erhebliche Ungläubigkeit entgegen. Daraufhin wurden wir aufgefordert, mit ihm vor die Tür zu treten. Er wollte uns seine Kunst am eigenen Leibe erfahren lassen. Um einen Wunsch befragt, bekundete Brygg, er wolle fliegen.

Mit verwunderlich geringem Erstaunen beobachtete ich nun seine Verzauberung. Der Alte trat nämlich mit formenden Händen vor ihn hin, zog Bryggs Mund wie flüssiges Glas zum langen Schnabel aus, den er mit einer schnellen geübten Bewegung überm Ellbogen krummbog. Bryggs Augen rückten zugleich nach den Kopfseiten auseinander, wurden kreisrund. Sein Haar verwandelte sich zu schuppigem, graugeperltem Gefieder. Sein Rumpf zog sich zum großen Vogelkörper zusammen. Hand und Arm wurden unter der streichelnden Berührung des Alten zu Flügeln. Die mir so wohlbekannten dünnen, langen Beine Bryggs wurden mühelos zu Vogelstelzen, grau und horngeringelt. Seine Füße entfalteten gespreizte Klauen. Kein Zweifel, als riesiger Brachvogel stand er vor mir, trippelnd mit kurzen Schrittchen, und sein langer Schnabel, klappernd geöffnet, entließ ein klagendes Trillern. Seine sprachlichen Möglichkeiten waren auf ein gedehntes Tla üid tüt tüt beschränkt. Und als der Alte überraschend in die Hände klatschte, fuhr ein fürchterlicher Schrecken unwiderstehlich in Brygg, er hopste ein paarmal, hob sich in die grüngoldene Mitternachtsluft und strich flügelrauschend ab, dem See zu.

Ihm nachstarrend, fühlte ich mit leiser Übelkeit, daß die weißgerandeten Pupillen des alten Schnupfers jetzt auf mich gerichtet waren. Seine Hände strichen rauh an meinem Gesicht herum. Ich spürte, wie meine Lippen verhornten, sich streckten. Mein Skelett verschränkte sich, weich wie Wachs, in ausbuchtender oder zusammenziehender Weise. Weiches, Flockiges sproßte aus meinem Fleisch, ließ sich mit ausdringenden Posen in der Haut fühlen. Mein Herz verzog sich zur Spindel und tickte, wie die Unruhe in einer Empireuhr, zart und schnell hin und her. Aus meinen Beinen verlor sich das Gewichtige. Alles Schwere sammelte sich in die obere Körpermasse, während an den Säumen meiner Gestalt eine flaumige Leichtigkeit entstand.

Ich war zum Goldregenpfeifer geworden, dem getreuen Begleiter des Brachvogels. Meine Tracht war ein weißgerandeter Federfrack und eine schwarze kleine Weste. Mein kurzer, spitzer Schnabel entließ ein melancholisches, schön flötendes Jüt, jüt, jüt. Die auffordernde Behendigkeit in meinen neuen Gliedern und ein ziehendes Gebundensein an Bryggs Brachvogeldasein ließ mich schnell einen Anlauf nehmen. Und schon lag ich mit vertrauenden Flügelschlägen auf tragenden Flächen von Luft, schwang mich hoch hinaus und fühlte mich beim vorgestreckten Kopfe scharf vom Wind umstrichen.

Anfänglich stockte mein Empfindungsvermögen, doch bald entdeckte ich die Handhabung meiner neuen Physis. Zum Beispiel, daß beim tonlichen Regulieren meiner flötenden Rufe die häutchenumrandeten Nasenlöcher eine Rolle spielten. Langsamer lernte ich, mich dem veränderten Raume anzupassen. Dieser erschien nämlich, bedingt durch die ungewohnte Stellung meiner Augen, in überwältigender Fülle. Zwei Raumhälften schlossen sich nahtlos um meinen Kopf. In der Mitte des Hirns sammelte sich das Bild zum Spiegelball. Mein optisches Erfassen hatte fortan nicht mehr Ausschnittcharakter, sondern es war rund, komplett, lückenlos. Tiefer durchströmte mich dabei die Lust des Fliegens, und mit ihr drang immer stärker ein nervenhaftes Vogelbewußtsein in mich ein.

Ich begann die rund um mich gelagerten Horizonte zur Gänze zu unterscheiden. Die Sehtapete war nicht mehr gekörnt, wie beim Menschen, sondern glastief, klar, ohne Zwischenschatten.

An den Säumen meiner Federn fühlte ich das Geschichtete der Luft, ihre unterschiedliche Dichte, ihre Stofflichkeit, die vielen Wegmöglichkeiten, die sie mir bot. Eine Sicherheit, prickelnd wie Wechselstrom, zitterte von den Schwungfedern bis zu den Steuerfedern meines Bürzels und ließ jede Sehne, jeden Nerv sich nach den Entschlüssen eines gefühlsmäßigen Denkens bewegen.

Sonderbar war auch, daß die Laute, die ich ausstieß, als angenehme Erschütterung bis in meine dünnen hohlen Knochen nachwirkten. Ich konnte ermessen, was der Vogelsang für den Vogel selbst bedeutet. Daß er sich zu Gehör bringt, scheint dabei nicht so wichtig, wie ein gewisses Sich-selbst-in-Schwingungen-Versetzen. So erklärt sich die schier unbegreifliche Unermüdlichkeit manches braven Zibi-zibi-Piepsers.

Während nun unter mir der Teller der Landschaft in unerhörter Deutlichkeit erschien, bedeckt mit bunten Pflanzen, verschrobenen Steinen, schaumig erstarrten Felsgebilden, konnte ich gerade vor mir Bryggs Vogelkörper wahrnehmen, der mit schräg zurückhängenden Beinen in weiten Kurven dahinsegelte. Bei mir war das mit den Beinen anders. Ich vermochte sie im warmen Gefieder zu bergen. Wir verständigten uns im Vogeldialekt. Der See lag unter uns wie eine Platte von polierter Sumpfeiche. Zwischen Ufer- und Inselschatten, schwarzen Sandbänken und bleichgrünen Untiefen spiegelte sich das gleichmäßige sonnenlose Licht des Himmels. Wir ließen uns in jähen Stürzen herabfallen und sahen unser Bild unter uns: gewaltige Vögel, in schnellen Linien dahinstreichend.

Spielzeugklein lag das Gehöft am Ufer, wo unser Studebaker eingestellt war. Wir registrierten die Verlassenheit des Wagens dort in der Umzäunung des Hofes, ohne uns klarmachen zu können, daß wir es einmal mit ihm zu tun gehabt hätten. Wir landeten auf einer Lavainsel von krankem Blaurot, indem wir unsere Schwingen wie Fallschirme hohlstellten. Unsere Beine fingen den Aufprall der Erde ab. Wippend, um das Gleichgewicht zu halten, saßen wir auf zakkigen Steinbänken und waren uns nicht mal klar darüber, daß wir uns am gleichen Platze befanden, wo wir mittags Fische gebraten hatten.

Wir hatten nurmehr die häutigen Schnabelwinkel zur Verfügung, um die Miene spielen zu lassen. Und das langte nicht. Wir konnten ermessen, welche unermeßliche Ergänzung die menschliche Sprache durch Mienenspiel und Gestikulation erfährt. Auch dies: ohne Lachen zu sein, konnte als Benachteiligung in den Kräften des Bestehens gelten. Wir umtrippelten uns gegenseitig, drehten und wendeten die schmalen Vogelschädel und konnten uns nur mit einem behelfsmäßigen tütüt und stummen Übereinkünften verständigen. Wir fühlten uns sehr eingesperrt in diese Art von Existenz. Schließlich entbreiteten wir erneut die Schwingen (es war schon ein bißchen Verlegenheit dabei), um die vielfältig zerkrausten Ufer des Myvatn abzufliegen. Ein weißdampfendes Gebiet heißer Quellen bestreiften wir, und im dichten Wasserdampf wurden unsere Federn schwer, ohne daß die Nässe durchdrang.

Zwischen schwarzgelben Zwergvulkanen fauchte und gurgelte die Erde aus weichen teigigen Dampflöchern und Schlammkesseln. Blauer, brauner und gelber Ton wurde spratzend in diesen natürlichen Tiegeln verkocht. Als wir in eine Zeile Schwefelqualm gerieten, flohen wir schleunigst auf eine entfernter stehende Orgel grauen Tuffsteins. Wind hatte untertags dies vulkanische Unternehmen westwärts verflüchtigt. Jetzt stand es im vollen Flor seines Rauchs und kränkelte den Himmel an. Eine dunstige Verdüsterung schien allenthalben zuzunehmen. Während wir so hockten und das räumliche Geschehen belauschten (und da ist für den Vogelsinn unendlich viel abzulauschen und abzulesen, es ist seine Zeitung, seine Post, sein Sportbericht,) fingen Artgenossen an, uns zu umschwärmen. Sie ließen sich in Sichtnähe nieder, trippelten umeinander und verrenkten erregt die Hälse und Köpfe nach uns. Ihre Neugier, so wollte es uns bedünken, hatte schon den Beigeschmack der Empörung. Wir paßten ihnen nicht. Mit der zunehmenden Verdüsterung des Himmels floß dünne Furcht in unsere Herzen. Enger rückten wir zusammen. Schwingenmüde. Bedroht von etwas Fremdem, außer uns Liegendem. Als kämen Gespenster mit dem Wind geflogen, was weiß ich, eine klirrende, kreisende, sinnenaufwirbelnde Gefahr. Wir sahen Sandhosen in den Ebenen aufsteigen und sich wieder zu Boden neigen wie gelbe Schleier. Der Rest von Menschbewußtsein verging in uns vor dem Aufgebot der Tierinstinkte. Wir vergaßen den alten Schnupfer, der uns verzaubert hatte, seine Hütte, unsere Pläne, Richtung, Zustand. Ein graues, nur von Angst, Gefräßigkeit und Neugier bebendes Vogelwesen gewann Macht über uns. Die Artgenossen rückten uns immer näher auf den Leib. Es ging etwas Ziehendes von ihnen aus, in das hinein wir uns hätten auflösen müssen, um nicht zu zerreißen.

In diesem Augenblick kam ein rettendes Flöten vom Nordufer des Sees. Sofort aufhorchend, folgten wir dem Ton, hoben uns in die Luft, die inzwischen schwieriger geworden war, voll von ungeahnten Strömungen und Wirbeln. Wir mußten unsere ganze fliegerische Vernunft bemühen, um durchzukommen. Alles schien gegen uns verschworen, um uns im Banne jener Figur zu halten, in die wir hineingezwungen worden waren. Unser Leuchtturm, unsere Wegleitung in diesen Stadien der inneren und äußeren Verfinsterung war allein das langgezogene, lockende

Flöten vom anderen Ende des Sees. Wie von einem Klangfaden wurden wir gezogen und erfuhren die fürchterliche Macht der Lockpfeifen der Jäger am eigenen Leibe. Es war nämlich der Alte, der uns in dieser Art zu sich heran kurbelte. Für uns bedeutete es eine erhebliche Kraftanstrengung, da wir buchstäblich durch lauter uns entgegenstehende Wasserfälle von Luft geschleust wurden. Als wir endlich vor ihm zu Boden plumpsten, aufgelöst in Nervenbeben, erkannten wir, daß er auf einem alten hohlen Schafsknochen den beschwörenden Ton erzeugt hatte. Seine fleischlosen Lippen spitzten sich über der Öffnung, seine Brauen waren zum Strich zusammengezogen, er schien mit den Augen, mit den Naslöchern, mit dem geblähten Hals an seinem Tun beteiligt. Er setzte erst ab, als wir mit eingefalteten Schwingen vor ihm verharrten. Schon starrten seine weißgeringten Pupillen verwandelnd in uns hinein. Sprüche murmelnd, strich er uns mit seinen trockenen Fingern das Gefieder vom Leib. Drückte uns die Schnäbel mit der flachen Hand ins Gesicht zurück. Unsere Eingeweide rückten schmerzhaft in ihre angestammte Lage auseinander. Das Herz schmolz wieder zum schwermütig hämmernden Klumpen zusammen. Wie aus einem absinkenden Gewässer entschlüpft, sahen wir uns als Menschen wiedererscheinen. Der kugelförmige Raum rückte zum gewohnten Ausschnitt zusammen. Und das erstaunte Lachen, das wir in Vogelgestalt nicht verwirklichen konnten, brach jetzt etwas bestürzend und erschütternd aus uns hervor.

Wir wankten hinter dem Rücken des Alten in die Hütte, während ein böses Unwetter den ganzen Himmel mit grauem Dunst beschlug und der Myvatn dünne, leuchtende Schaumketten gegen die Ufer zu wälzen begann. Frischer Kaffee rann durch unsere ausgedörrten Kehlen, wärmte uns und belebte unser immer noch zögerndes Menschbewußtsein. Als wir uns erholt hatten, faßte Brygg mich ins Auge, erhob sich vom Tisch, verbeugte sich leicht und stellte sich vor: „Peder Brygg, Fachmann in Brückenbau.“ „Habe die Ehre“, antwortete ich, „Einar Halvid, Erfinder der Bratkartoffel.“

Wir waren wieder hergestellt.

SECHZEHNTES KAPITEL

Morgens beim Rasieren stellten wir an unseren Bärten fest, daß wir irgendwie aus der Zeit gerutscht sein mußten. Wir wähnten drei Tage unterwegs zu sein seit unserer Landung in Husavik. Die Bartstoppeln zeigten aber mindestens das Alter einer Woche. Ihrer Härte war kaum beizukommen. Sie waren wie Federposen. Kratzend fuhren die Klingen über die Backen. Brygg spannte die seine, faltig magere, mit der Zunge. Unser beider Augen begegneten sich forschend in dem Stück Spiegelglas, das mit Nägeln an der Wand befestigt war. Während wir das Kinn streckten, um den Hals zu schaben, begannen wir ein zögerndes Gespräch über die Vorkommnisse der letzten Nacht. Nicht zu verbergen war unser beider schlechtes Aussehen. Von einer Fremdheit beschattet, die von nichtmenschlichen Erfahrungen herrührte. „Zwei Flaschen fehlen", sagte Brygg schließlich mit Bezug auf unsern Vorrat. Frage und Antwort lagen zugleich in seinen Worten.

„Allzu viele Strapazen dürften wir uns also nicht mehr zumuten", sagte ich. Er nickte bejahend in den Spiegel hinein und hieb eine Schonung über seinem Adamsapfel nieder. Ich ging zum zweiten Einseifen über.

„Aber den Ritt nach dem Hvitarvatn werden wir auf jeden Fall durchführen", meinte er. „Der Alte sattelt übrigens schon."

„Also müssen unsere Verabredungen heut nacht doch ganz verständlich ausgefallen sein", stellte ich fest.

Brygg verzog den Mund. Löcher entstanden bei den Winkeln wie an einem Vogelschnabel. Ich lachte prustend los und schnitt mich am Kinn.

Er triumphierte sichtlich darüber und fächelte seiner angegriffenen Haut mit dem Taschentuch Kühlung zu. Schaumflöckchen saßen ihm in den Ohren und Naslöchern.

„Für eine solche Vogelexistenz würde ich mich übrigens schön bedanken", sagte er unvermittelt. Es war sein erstes und letztes Wort in dieser Angelegenheit.

„Ein so gründliches Kennenlernen der Vogelperspektive, von der immer soviel geredet wird, kann ja nie schaden", sagte ich. „Gern hätte ich dich einen Regenwurm fressen sehen." Brygg machte sein bedenklichstes aller Gesichter. Zum Glück trat der Alte mit der Meldung dazwischen, daß man in Kürze aufbrechen könne. Er trug die Wachstuchmütze auf dem Kopf, als wenn er sie auch beim Schlafen nicht abgelegt hätte. Mir kam der Verdacht, daß er etwas unter ihr verberge, vielleicht das Geheimnis seiner Zauberei, eine Alraunwurzel oder dergleichen.

Es gab Stockfisch zu Mittag, den wir trocken aßen. Er war wie Kartonpappe unter den Zähnen. Ein schwarzes Fladenbrot schloß die Mahlzeit ab. Vor der Tür stampften sechs kleine Islandpferdchen. Drei von ihnen waren gesattelt. Eines trug unser Gepäck. Die zwei übrigen sollten zum Wechseln dienen.

Wir saßen auf und blickten, mit den Schuhen

kaum fußhoch über dem Boden, auf den passionierten Schnupfer nieder. Der umschritt nämlich prüfend sein Reittier, beklopfte es an allen möglichen Stellen und hob ihm dann, indem er sich bückte und mit der flachen Hand ins Kniegelenk des Ponys hieb, nacheinander alle vier Hufe, spie ins Innere des Hufs, wobei er sorgfältig zielte, und verrieb das Gespiene mit dem Handballen.

„Wozu soll das gut sein?“ fragte Brygg ihn.

„Damit es nicht stolpert“, murmelte der Alte, zog sich die Mütze fester, saß auf und ritt uns voran. Unsere Tiere folgten ihm von selbst, ohne daß wir sie zu ermuntern brauchten. Sie traten, wie es sonst nur die Saumtiere an sich haben, fast genau in die Fußstapfen des Leitpferdes.

SIEBENZEHNTES KAPITEL

Unter einem mehlhellen Himmel zogen wir wie aufgereiht hintereinander her. In unzähligen, rinnsalhaften Ausweichungen wand sich der Pfad durch die Unebenheiten des Bodens. Als wir uns an den Paßgang der kleinen Pferde gewöhnt hatten, begann uns das Reiten Spaß zu machen.

Unser Führer verhielt sich, als ritte er ganz für sich allein. Sein Schweigen wirkte ansteckend.

Die eisernen Hufe klingelten und klirrten an den Lavaschollen. Die Landschaft vor uns rollte sich mehr und mehr auseinander. Tafelberge, wie lange dunkle Sargdeckel, rückten nach den Horizonten hin, je mehr wir an Höhe gewannen. Ihre Ebenholzschwärze war teilweise von Schnee überlagert wie von großen weißen Scherben. Schmutzig-grau rauchte es von den Wellen des Myvatn, der uns zur Linken blieb. Bald verloren wir ihn aus dem Gesicht.

Statt dessen tauchte jener spitze, bleichgelbe Berg in unser Sehfeld, den wir vom Boot aus als Richtungsweiser angepeilt hatten. Von nahem hatte er die Gestalt einer aus Teigfladen gedrehten Tüte, die von überreifen Brombeeren fleckig geworden ist.

Schweigend strebten wir südwärts, den nackten Hochebenen von Lundarbrekka zu. Am Fuße einer steilen Wand schwarzen Trappgesteins hielten wir die erste Rast. Auf den Rucksäcken sitzend, aßen wir Rauchfleisch und teilten das Quantum der restlichen Flaschen mit Bleistiftstrichen ab. Die Wand stand über uns wie eine hohl gehaltene Hand, in welcher sich die Dunkelheiten aller je und je verflossenen Winter gesammelt hatten.

Immer weiter vorwärts schweigend, drückten wir die Ferne immer wieder ein, bis sie Nähe wurde. Reihenweise drehten sich kleine und kleinste Vulkane im Zuge unseres Rittes gegen uns, zeigten sich von allen Seiten, glichen rosa Puddings auf einer Ebene von Asche, übergossen mit dicker schwarzer Sauce.

Die Lavatrümmer waren von einem wolligen Moos überzogen, das ihre häßliche Schärfe und Splitterigkeit verhüllte. Sauerampfer und Schafgarbe sproßten als letztes Grün still vor sich hin.

Die graue Luft verdichtete sich gegen Nachmittag zu einem kalten, alles durchdringenden Rieselregen. Wir waren genötigt, die Mäntel anzuziehen und die Kragen hochzuschlagen. Die schlechte Laune war geeignet, uns die Vorkommnisse der letzten Nacht vergessen zu machen. Ja, es mehrte sich mit der zunehmenden Kälte ein Zweifel in uns, ob wir es geträumt oder erlebt hatten, was uns da noch im Sinne schwankte, unkenntlicher immer, verlorener immer.

Und zuletzt schien es uns weniger denn ein Witz.

ACHTZEHNTES KAPITEL

Mit den unheimlichen Geschichten der Kabinenjungfer auf der „Enigheden" hatte es angefangen. Der Ratschlag Kapitän Silversens hatte unsere Richtung geändert. Und jetzt waren wir schon mitten drin im Innern. Saßen auf Pferden, statt im Studebaker. Übersprangen den Schlagbaum der Verzauberung. Waren der Führung einer zweifelhaften Person anvertraut. Und taten nichts dagegen, uns führen zu lassen, weiß der Teufel, wohin.

Die Pferde dampften und beizten uns mit dem Geruch ihres Schweißes. Wir hielten den Sattel sieben Stunden lang aus. Dann fing ein Stechen in den Schenkeln an, uns zu peinigen. Jedes Gespräch starb, kaum begonnen, an der Wurzel ab. Unablässig begleitete unseren Ritt ein Brachvogel, flatterte vor uns auf, ließ sich an unserem Pfad nieder und beäugte uns neugierig, bis wir nahe genug waren, um ihn zu erneutem Auffliegen zu veranlassen. Wir wußten zuletzt nicht mehr, ob es immer derselbe Vogel war, oder ob es eine ganze Reihe von Vögeln war, die uns einander sozusagen als Stafette von Wegwarte zu Wegwarte weiterreichten.

Eine Wand von geschrammten Basaltsäulen bot uns endlich den Windschatten, den wir schon lange gesucht hatten. An ihrer Basis fand sich leidlich beschlafbarer Boden. An der Basaltwand vorbei ging es tief in ein nebelverdunkeltes Tal hinab.

Mit klammen Fingern richteten wir das Zelt auf. Angenehm wurde das Leben erst wieder, als der Primuskocher unter dem Suppentopf sauste und zischte. Mit den Beinen schon halb in den Schlafsäcken, aßen wir. Unser Führer wurde desto gesprächiger, je unwirtlicher sich die Natur zeigte. Sein Behagen schien an der zunehmenden Schaurigkeit zu erwarmen. Seine gute Laune nahm im Verhältnis zu, wie wir uns der Kulmination von Eis und Lava näherten, der Herdstelle der Gewalten, dem weißen, glutgerandeten Herzen Islands.

Seine Aufgeschlossenheit nahm ungewohnte Formen an, denn er verriet uns sogar seinen Namen. Er hieß Thorstein Geirr. Er anvertraute uns die merkwürdige Absicht, daß er im Begriffe sei, uns durch die Wüste der Verbannten, durch Odada-hraun, zu schleusen. Es sei ihm, so sagte er wörtlich, unser Kommen ein angemessener Vorwand, um einen schon lange gehegten Plan auszuführen. Er wolle seinen armen, alten Vater aufsuchen, der, selber noch ein Verbannter, ein Geächteter, in dieser knisternden Wüste irgendwo seine Hütte habe. Vielleicht sei er schon gestorben. Wenn er die Hundert nicht überlebt hätte, müßte er sogar ernstlich damit rechnen. Er habe für diesen Fall schon vorgesorgt und einen Lederbeutel mitgenommen, um die Gebeine des Verblichenen heimzuschaffen. Wir fragten uns, ob wir nach Island gekommen wären, um zu den Vätern hinaufzusteigen und ins Eisherz der männlichen Welt einzudringen.

Brygg meinte, wir würden den Vater aller Väter auf einem Zwergvulkan sitzend antreffen, gelbumräuchert und das borstige Trollkinn nachdenklich in die Hand gestützt.

NEUNZEHNTES KAPITEL

Traumwirr zog ich den Schlafsack über die fröstelnde Schulter. Brygg schnarchte schon längst, die erloschene Pfeife im gelösten Munde. Thorstein Geirr, die Wachstuchmütze tief in die Stirn gezogen, lag auf dem Rücken wie ein Toter. Seit seinen Andeutungen erging ich mich in makabren Phantasien. Seine Füße standen aufrecht nebeneinander unter seiner Pferdedecke. Trotzdem die kalte, durch keinerlei Grünzeug gemilderte Luft wie Blei auf mich drückte, fand ich keinen rechten Schlaf. Ich verglich Geirrs Mütze mit Bryggs Hut. Letzterer gehörte eindeutig zum Vokabular einer Gebärdensprache. Jedoch die Wachstuchmütze schien etwas verbergen zu sollen. Was geschah unter ihr? Irgendetwas Gläsern-Häutiges, Eingeweidehaftes, müßte sich da winden und drehen. Ich konnte es nicht lassen. Ich mußte dahinter kommen. Überdies fror mir die rechte Schulter ab, die ich der eisbetauten Zeltwand zugekehrt hatte. Ich richtete mich halb auf und zog die Jacke an. Die zugeknüpfte Zeltpforte ließ sich nicht leicht öffnen. Dann fiel bleiches Nachtlicht von draußen her auf die Schläfer. Ich kitzelte den Alten an der Nase. Er schlief unaufweckbar. Sein Gesicht zuckte in Traumerregungen. Mit tastendem Zeigefinger schob ich den Mützenschirm aus der gefurchten Stirne.

Kurzes verfilztes Haar kam zum Vorschein. Aber zugleich noch etwas anderes. Ein weißer, spinnender Nebeldampf, sehr kompakt, in sich zusammengehalten, zog unter dem Kappenrand hervor, tastete sich über den Körper des Alten und strebte der Helligkeit nach, dem Zeltausgang zu. Immer Bodenfühlung haltend, drang er ins Freie hinaus. Von Neugier bezwungen, folgte ich diesem kleinen, kriechenden Gewölk, sah, wie es sich zögernd, irrlichthaft über die dürre Heide hinzog und schließlich stehenblieb.

Ich schlich herzu und sah, ein halbverfaulter Pferdeschädel lag dort, von Würmern und Ameisen belebt, von Schmeißfliegen umsummt. Der kriechende Dunst zog sich nun durch die Augenhöhlen in den Schädel hinein, blieb eine gute Weile drinnen und kam wieder heraus. Wehte weiter übers Gefilde, blieb vor einem kaum fußbreiten Bächlein stehen, wallte hin und her, als ob er hinüberwolle und nicht könne. Ich legte einen Wollgrashalm über das Wasser. Der Dunst benützte ihn willig als Brücke. Schlich weiter, erreichte eine kleine Häufung von Steinen und kroch da hinein.

Ich mußte diesmal lange warten, bis er sich wieder zeigte. Er nahm dann in großer Geschwindigkeit den Weg zurück, über die Halmbrücke, am Pferdeschädel vorbei, ins Zelt und verschwand, woher er gekommen war, unter der Mütze unseres Hexenmeisters. Ich zog ihm die Mütze wieder in die Stirn. Erwartete, im Schlafsack geborgen, das allgemeine Aufwachen, und schlummerte selber darüber noch einmal ein.

Morgens, beim Zusammenpacken des Zeltes, sagte der Alte: „Ich wollte, ich wüßte, wo der Schatz liegt, von dem ich heut' nacht träumte."

Ich veranlaßte Brygg, jenen um genauere Auskunft zu drängen. Denn Brygg war des Isländischen sicherer denn ich. Geirr erzählte: „Mir war, als ginge ich in eine unermeßliche Ebene hinaus voller buschiger Bäume und zerstreuter Felsbrocken. Dann fand ich ein schönes Haus mit glatten, gewölbten Wänden und vielerlei Fenstern. Drinnen scholl es von einem großartigen Gastmahl. Es wurde nach Kräften geschmaust, getanzt, getrunken und gespielt. Ich trat ein und durfte mich mit allen zusammen ergötzen. Später wanderte ich weiter über die Ebene. Ein reißender Fluß gebot mir Halt. Ich suchte eine Furt. Da kam ein Riese und legte mit seinen fürchterlichen Händen einen Baumstamm von Ufer zu Ufer. Ich kam trockenen Fußes auf der andern Seite an. Dort war eine steinerne Grabkammer. In ihr ein eisernes Gefäß voll Gold. Ich merkte es mir gut und kam ohne Beschwer über die Baumbrücke, am Palast vorbei wieder in das Zelt zurück. Und jetzt ergeht es mir wie jenem Verfolgten, der durch eine unterirdische Höhle von Basaltblöcken floh und an ihrem anderen Ende bemerkte, daß er Goldsand in den Schuhen hatte. Er konnte die Stelle nie wiederfinden."

Brygg grinste dazu. Ich schwieg. Aber als Geirr sich aufmachte, die Ponys zu suchen, die sich trotz der gekoppelten Beine ziemlich weit weg geweidet hatten, blinzelte ich Brygg zu, daß er zurückbleibe. Dann verständigte ich ihn über das nächtliche Vorkommnis. Er murmelte irgendetwas vom harten Schlafen, dem er die Schuld für meine Phantasie beimaß; folgte mir aber doch.

Ich zeigte ihm den faulenden Pferdeschädel. Das verblüffte ihn immerhin. Auch der Bach war da, und mein Halm lag über seiner Breite.

Die Grabkammer war eine alte Wegwarte. In ihr eine Blechdose mit verrosteten Hufnägeln.

„Was sich unter so einer harmlosen Mütze alles verbergen kann", meinte Brygg, kopfschüttelnd, als wir zurückgingen.

Geirr konnte die Pferde allein nicht finden. Wir verteilten uns über die Windrichtungen, um sie einzubringen. Das meine, von mir geliebte Weiße, schnaubte mir einen brüderlichen Gruß ins Ohr, nachdem ich seine Fesseln gelöst hatte.

ZWANZIGSTES KAPITEL

Geirrs zunehmende Gesprächigkeit stattete uns mit brauchbaren Erläuterungen aus. Er zeigte uns ein Seitental jenes langen, das wir durchritten, und sagte, das sei noch vor wenigen Jahren von Utilegumen, von Geächteten, Außenseitern, besiedelt gewesen. Hier hätten sie sich Höfe gebaut, Frauen dazu geraubt und ganze Ächtersippen begründet. Daß er aus einer solchen hervorgegangen sei, stellte er mit immer wieder belebtem Stolz fest.

Das Ächtertal erschien wie eine fruchtbare Kluft inmitten der großen Leblosigkeit um uns herum. Quellen waren wie grüne Lametta über seine lehmgelben Steilwände gehängt, plätscherten mit hellen Klängen auf seine verkrautete Sohle hinab. Über beide Berglehnen aber schoben sich Gletscher, hingen ein wenig über, schienen am Ende der Talkluft sogar zusammenzustoßen. Die Sonne, durch das Eis wie durch

Gewächshausscheiben gebrochen, stand als gelber, warmer Duft in der höhligen Tiefe.

„Mein Vater“, fuhr Geirr fort, „verließ als letzter diese Stätte. Zuvor hatte nämlich eine heiße Quelle das ganze Riesentreibhaus von unten geheizt. Mit ihrem Versiegen wurde es zu kalt und zu feucht. Man gab den guten Ort auf.“

Das rasselnde Schnarren eines Schneehuhns schreckte aus moosverwachsenem Versteck. Rinnen im Gestein waren vom Wasser grün ausgepicht. Eine Rotdrossel machte ununterbrochen dididü. Man spürte, wie schnell sich das Leben überall dort festkrallt, wo sich ihm eine Chance öffnet.

„Hier verändert sich alles von Zeit zu Zeit. Kein Stein bleibt lange auf dem anderen“, bemerkte Geirr in melancholischer Versonnenheit. „Als mein Vater hier einzog, war das Tal durch eine starke Wand vor jeder Sicht geschützt. Jetzt ist sie abgesunken. Seit dem letzten Erdbeben steht das Ächtertal jedem Schnüffler offen. Für mich hatte mein Vater hier eine Lavaplatte mit einem Loch aufgerichtet. Sah man durch das Loch, dann erblickte man den geheimen Eingang in das Tal. Ohne solche Wegleitung verirrte man sich zwischen den völlig gleich aussehenden Lößfalten. “

Wir nahmen teil an seiner Trauer. Ich konnte

es jedoch nicht hindern, daß mich in dieser Einsamkeit aus Eis und Sonne und Lehm eine Art seelischer Übelkeit überkam. Es verlangte mich plötzlich nach Großstadtlärm, Kaffeehausterrassen, Motorschnurren, Radio und Zeitungen.

Wir wechselten die Pferde, schnallten Sättel und Lasten locker, um die Tiere zu schonen. Die Sonne machte uns heiß. Nur Thorstein Geirr trat fröstelnd auf seinen Füßen herum und murmelte: „Mit den Jahren wird die Sonne kälter." Er war wohl so versteinert in seiner Haut, daß ihn keine Wärme mehr erreichte. Wir lehnten auf den Ponys, starrten in die lederfarbene Einöde und hatten keine Lust, aufzusitzen. Geirr war ungeduldig. Er setzte das Pulverhorn ans Nasenloch und schnupfte, als wolle er zum Aufbruch blasen.

„Tu ihm den Gefallen und steig auf", sagte Brygg. „Ich glaube, er vernimmt seinen Vater."

EINUNDZWANZIGSTES KAPITEL

Gegen Abend waren wir völlig umschlossen von der Wüste Odadahraun. Wir hatten die Mitte erreicht. Innerlich und äußerlich. Etwas Verglastes lag über der schwarzen Lavaebene. Die Hufe schlugen unterschiedliche Töne aus dem Gestein.

Was uns umgab, war weder Entsetzen noch Friede, nur unergründliche Leere: das Herz der Väter.

Wie silberne abgeriebene Schildbuckel zeigten sich an der Grenze des Südost-Horizontes die gewaltigen Gletscher.

Geirr war von stummer Erregung gezeichnet. Er hatte nämlich Spuren seines Erzeugers gefunden. Der Mann, von dem wir Riesiges, Unüberbietbares erwartet hatten, – die Natur eines Halbtrolls, der sich als Feuerschürer alter Krater betätigt –, dieser Mann konnte in einer knapp meterhohen Hütte wohnen. Sie war aus Lavaplatten über einem Pferdeskelett zusammengelehnt und barg noch die Spuren eines Mooslagers in ihrem Inneren. Abgenagte Schafsknochen häuften sich zu Seiten des Eingangs. Von ihm selbst war nichts zu sehen. Wahrscheinlich war er bei einem Jagdgang umgekommen, und die Eisfüchse hatten ihn gefressen, die Raben sein Gebein verschleppt. Das einzige beweiskräftige Pfand seines Hierseins war ein Spruch, den er in eine Tuffplatte geritzt hatte.

„Die Einsamkeit war auch nicht besser.“

Merkwürdiges Testament, wenn man bedenkt, wie er beschaffen sein mußte, um überhaupt so zu leben. Thorstein Geirr las laut seine Worte. Brygg hatte den Hut abgenommen. Eisig blies es uns in die Nackenhaare.

Der Alte räumte den Wohnplatz auf, warf die Knochen in die Hütte und schichtete den Eingang mit Steinen zu. Wir halfen, damit es schneller ginge. Die schriftberitzte Tuffplatte lehnten wir aufrecht vor das Anwesen. Es war angenehm, nachher wieder auf den Ponys zu sitzen und ihre dichte Wärme an den Schenkeln zu spüren.

Da wir besseres Gelände unter die Hufe bekamen und die Tiere nebeneinander traben lassen konnten, ergriff Brygg das Wort. Es juckte ihn, Ort und Stunde durch ein Gegenbezügliches auszulegen.

„Dieselbe Spannung wie damals in Indochina", sagte er. „Ich hatte dort eine Brückenmontage zu beaufsichtigen und wohnte im Missionshaus eines kleinen Dorfes. Es lag im Niemandsland zwischen Viet-Nam und dem von den französischen Truppen gehaltenen Gebiet. Das heißt, eigentlich hatte dieses Niemandsland den Krieg noch gar nicht zu spüren bekommen. Es kannte nur die Dritte Macht, diejenige also, die nicht Viet-Nam und nicht Kolonial-Französisch ist, sich aber aus beiden Heeren rekrutiert: die Armee der Plünderer, die Räubertruppe. Überall, in China, in Indonesien, wo es zwischen Weiß und Rot brennt, spielt diese Truppe ihr satanisches Hasard und schließt sich hernach denen an, die gesiegt haben, und läßt sich als Partisanen feiern. Nun, es war ein

Abend, der mit einer besonders heißen Stille auf die Grasdächer drückte. Das Missionshaus lag etwas oberhalb der einzigen Straße, hinter einem zwerghaften Garten. Es war durch einen mehrfachen Stacheldrahtzaun gut gesichert. Jeden Abend wurde die Zauntür sorgfältig abgeschlossen, unter Zuhilfenahme einer von mir entworfenen Kombination aus Stahlschienen und Ketten, der auch Handgranaten nicht viel anhaben konnten. Auch diesmal geschah alles nach Reglement. Wir saßen in Feierabendstimmung auf der Veranda hinter den Moskitonetzen und dämmerten dem Bett entgegen. Gegen neun Uhr ertönte ein einzelner Schrei aus dem sonst völlig ruhigen Dunkel des Dorfes. Mit diesem Schrei erloschen augenblicklich die schwachen Lichter hinter den Papierfenstern der Grashütten. Gleichzeitig strich etwas Tappendes durch die Gassen, die in die Hauptstraße mündeten. Etwas wie ein Trupp Riesenaffen, die in Filzschuhen laufen. Es kraulte einem mit eisigen Fingerspitzen im Genick. Die ganze Luft war Gänsehaut. Im Missionshaus gingen, im Gegensatz zu den Hütten, sofort alle Lichter an. Die geistlichen Herren zogen sich von der Veranda zurück. Wir standen tuschelnd im Refektorium. Die Hausangestellten, alles Eingeborene, hockten in der Küche. Ich warf einen Blick hinein. Sie knieten mit ihrem ganzen Leib in die Ecken und hatten die Ärmel ihrer schwarzen Gewänder über den Kopf gezogen. Der Gestank ihrer Angst würgte einen im Halse.

Von Draußen kam nun eine Reihe von Schreien. Und alle so, wie sie nur Chinesen fertigbringen. In einem Ton, der scheinbar außer aller kreatürlicher Möglichkeit liegt. Der plötzliche Schnitt eines haarscharfen Rasiermessers durch einen Augapfel kann nicht erschreckender sein.

Danach nahm es den üblichen Verlauf solcher Sache. Man sah Männer mit vermummten Gesichtern, gekleidet in diese sonderbaren, wie aus Steppdecken geschneiderten Uniformen. Munitionsgurte pendelten ihnen um die Hälse. Sie trugen amerikanische Schußwaffen aller Sorten und Arten auf sich. Sie weideten die ärmlichen Hütten aus, eine nach der andern, in guter Disziplin. Erst wurde die Basttüre krachend eingetreten. Dann vernahm man erstickte Worte. Dann flogen auch schon die in Laken zusammengebundenen Kolis von Hausrat polternd auf die Straße.

Während der Missionshausleiter noch in wilder Erregung mit dem nächsten französischen Polizeiposten funkentelegraphisch sprach, war im Dorf schon die Beute auf kleine, langmähnige Pferdchen geschnallt. Ein letztes, eiliges Getrappel, wie wenn Erbsen über Wellpappe rieseln. Ein verspäteter Steinwurf, der der Fensterscheibe unserer Haustür galt, sie aber verfehlte und wirkungslos zu Boden fiel. Dann nur noch dies schlapfende Geräusch, wie Orang-Utans in Filzpantoffeln. Und die alte heiße Stille schlug knisternd wieder über den Grasdächern zusammen, als sei nie etwas geschehen.

Aber damit nicht genug. Das eigentliche Leiden des Dorfes um dieses Ereignis begann erst nachträglich. Trotzdem kein Mensch erschlagen worden war, keine Frau entwürdigt, kein Kind entführt und in den Häusern nur leicht ersetzbare Dinge fehlten, starben am nächsten Tag sieben Männer und elf Frauen.

Nie habe ich das begriffen. War es der erlittene Schock, war es Protest gegen die Weltordnung, die so etwas zuließ; war es das Beleidigtsein, das sie zu Tode brachte, oder eine Art nicht zu stillender Wut, weil ihre Hausgötter nichts zu ihrem Schutze unternommen hatten? – ich konnte es nicht ermitteln und die geistlichen Herren auch nicht. Die einzige Mutmaßung, die sich anbot, war, daß der Verräter, der Räuberkonspirateur unter den Dorfleuten selbst, moralisch damit getroffen werden sollte. Aber auch das ist sehr ungewiß. Ich versuchte dieserhalb den chinesischen Koch der Mission auszuholen. Aber selbst dieser aufgeweckte Mann zog sich hinter sein Lächeln zurück und sagte, das sei immer so.

Es fiel mir überhaupt auf, daß die Chinesen mit unseren Begriffen nicht zu erreichen waren.

Und auch das Vorkommnis des Todes hat bei ihnen einen anderen Beigeschmack als bei uns.

Vor allem aber, der Verräter. Es gibt Gerüchte in der östlichen Welt, die sich ohne Telephon, und, paradoxerweise, ohne Worte herumsprechen. Entfernung oder Nähe, das spielt da keine Rolle. So auch in unserem Falle: ohne daß es von irgend jemand wirklich ausgesprochen wurde, hatte sich bei den Dörflern die Überzeugung durchgesetzt, einer der Ihrigen habe den Räubern die beste Angriffsstunde signalisiert. Der Betreffende, ein Bauer mit vielzähliger Familie (habe er nun Schuld oder nicht, die Mission hat's nie erfahren), versteckte sich in der Dunggrube seines Hauses, als er vernahm, wessen man ihn verdächtigte. Und es beförderte den Verdacht, daß er seinen Betrieb ein wenig modernisiert und durch meine Vermittlung eine amerikanische Häckselmaschine erworben hatte. Chinesische Bauern sind ihren tiefsten Instinkten nach Maschinengegner. Ein kluges Wort des Kochs beispielsweise besagte: Eine Lokomotive sei kein Vorteil. Sie werde, alles in allem gerechnet, von Menschen gezogen.

Mochte es daran liegen. Jedenfalls wurde der arme Kerl in seiner Dunggrube aufgestöbert und in einem wahnsinnigen Tumult der Empörung unter seine schöne, buntbemalte Maschine gezerrt. Sein Kopf war abgeschnitten, ehe er sich dessen versah, und als Warnung und Schandmal auf einen Zaunpfahl seines Hofes gespießt.

Wir kamen zu spät. Ich sah mir seinen verglasten Ausdruck an. Es war weder Entsetzen noch Friede darin. Nur unergründliche Leere.

Ob er wirklich mit den Räubern konspiriert hatte, wage ich nicht zu entscheiden. Jedenfalls, seine Hütte war nicht überfallen worden."

Die Aufgeschlossenheit unseres Führers hielt an. War es, weil Brygg ihm sein indochinesisches Abenteuer in Bruchstücken zur Kenntnis gebracht hatte, oder war es, weil unsere Wesensart ihn anheimelte, er fand sich dazu bereit, die Geschichte seines geächteten Vaters preiszugeben. Auch sein Vater war durch ein Gerücht zu Fall gebracht worden, das heißt, es hatte sich derart drohend über ihm zusammengezogen, daß er sich aus Wut und Enttäuschung selbst zum Ächter machte und in die Einsamkeit floh.

Es geschah vor 70 Jahren. Die Schafherden in Nordisland wurden damals von einer unbekannten Seuche heimgesucht. Was nicht schon eingegangen war, mußte geschlachtet werden. Da entschloß sich Halldor Bjarnasohn auf Reynstadir, trotz der späten Jahreszeit, seinen Sohn Bjarni mit dem Knecht Jon über den Kjölur nach der Südseite der Insel zu schicken, um Schafe aufzukaufen und vor Winteranbruch heimzubringen. Denn ohne Schafsmilch, Schafskäse und Schafsbutter ist der Bauer im langen Winter verloren.

Dem ersten Sohn schickte der besorgte Vater einige Tage später noch den zweiten nach in Begleitung des Knechtes Einar Sigurdsohn.

Alle vier, beritten natürlich, trafen sich im Süden, kauften zu vorteilhaften Preisen gesunde Tiere auf und machten sich schleunigst auf den Rückweg. Die Südbauern, in richtiger Einschätzung der Gefährlichkeit des Kjölur zu dieser Jahreszeit, wollten sie nicht allein ziehen lassen und gaben ihnen ihrerseits noch fünf Mann Begleitung mit.

Der erste Reisetag verlief gut. Mit dem zweiten Reisetag erreichten sie das Lavafeld Kjalhraun. Dort fiel sie ein Sturm an, der sich rasch zum Orkan steigerte. Dieser Orkan führte eine ungewöhnliche arktische Kälte mit sich. Er peitschte die Reisenden zu Boden und verschüttete die ganze Hochebene unter Schnee. Die Männer hatten unter einem Lederzelt Schutz gesucht. Aber es wurde vom Schnee eingedrückt. Von neun erfroren acht. Der Überlebende war der Knecht Jon, der Bjarni von Anfang an begleitet hatte. Er schleppte sich bis zu einer Notunterkunft am Rande der Lavawüste. Dort erlag er dem Hunger.

Die im Süden glaubten nun, der Transport

hätte den Norden erreicht und ihre Begleitmannschaft würde des schlechten Wetters halber erst im Frühjahr zurückkehren. Die im Norden glaubten, ihre Söhne würden gescheiterweise im Süden das bessere Wetter abwarten. Aber schließlich mußte man der Not halber eine neue Gruppe von Schafsaufkäufern über den Kjölur schicken. Einer unter ihnen war der Vater Thorstein Geirrs. Er fand unterwegs eine verwitterte Menschenhand, die aus dem vereisten Schnee ragte. An ihr gleißte ein silberner Ring mit den Initialen Jons. Er zog den Ring ab und steckte ihn sich an, um ihn nicht zu verlieren. Sie ritten weiter und entdeckten das Zelt; darunter die acht Toten in voller Kleidung. Pferdeskelette um sie herum, die noch die Sättel trugen. Im Umkreis eine große Menge von Schafskadavern. Da verging ihnen der Mut.

Sie kehrten wieder um und brachten die Nachricht nach Reynstadir zu Halldor Bjarnasohn. Nur Thorsteins Vater ritt allein weiter gen Süden.

Halldor rüstete einen Transport aus mit Pferden und Särgen, um die Toten heimzuholen. Als er am Unglücksplatz ankam, war alles verschwunden. Zelt, Sattelzeug, Kleider, Decken, Geld und sogar die Leichname.

Das Ereignis blieb unerklärlich. Man redete von Eisfüchsen. Aber nichts ließ darauf schließen, daß sie hier Mahlzeit gehalten hätten.

Das Gerücht fing an, den älteren Geirr zu umkreisen. Er hatte Jons Hand gefunden, hatte den Silberring abgestreift und war nach Süden weitergeritten. Halldor Bjarnasohn machte ihm den Prozeß und beschuldigte ihn, Totenraub begangen zu haben. Der Prozeß verlief ohne Ergebnis.

Inzwischen wagte kein Bauer mehr die Reise über den Kjölur. Es hieß, daß man dort flüstern höre, nachts, im Wind. Jemand behauptete, aus einem Stein heraus sprechen gehört zu haben:

„Der den Ring mir nahm,
der ist's, der wiederkam."

Der ältere Geirr verlor Ansehen und Ruf. Man mied ihn. Das Gerücht umzingelte ihn und ließ ihn nicht aus den Fängen. Er wurde es müde, seine Unschuld zu beteuern und verhärtete sich in Schweigen.

Jahre später wurden die Knochen der Toten durch Zufall unter Lavaschollen gefunden. Es geschah nämlich, daß das Pferd eines Händlers an dieser Stelle scheute und der Händler, sehr vertraut mit der feinen Witterung seines Tieres, nach der Ursache des Erschreckens fahndete.

Die Mutter der beiden Bjarnissöhne zeigte sich wenig überrascht von der Meldung. Sie behauptete, des älteren Sohnes Stimme nachts am Fenster vernommen zu haben:

„Drei Tage lang saß Bjarni
als letzter lebend
betrübt über den Toten."

Später, als mutmaßlicherweise die Leichen geplündert und weggeschafft worden waren, erschien der jüngere der Bjarnissöhne der Mutter, als sie traurig in den Schnee hinausstarrte, und sagte zu ihr:

„Ein Böseblickender hat uns entkleidet
und nackt in einen Spalt geworfen.
Unter Lavaschollen liegen wir Brüder
zusammengepreßt in kalter Qual."

Die Sache kam herum und machte böses Blut unter den Bauern. Da keine stichhaltigen Gründe gegen den älteren Geirr vorzubringen waren, schwor Halldor Bjarnasohn, ihm das Dach überm Kopf anzuzünden und ihn lebendig einzuäschern.

Als das dem Beschuldigten zu Ohren kam, floh er in die Einöde von Odadahraun. Es wurde als Geständnis ausgelegt, und das Gericht sprach in Abwesenheit des Angeklagetn die Ächtung aus. Damit war er vogelfrei.

Leute, die ihn zuletzt gesehen hatten, sagten von ihm, er sei bleich gewesen vor Zorn und hätte ihnen allen den Untergang angewünscht.

Später fiel auf, daß ein Knecht aus der Gruppe derer, die das Zelt zuerst fand, sich selbständig machen konnte, ohne daß jemand wußte, woher ihm die Mittel kamen.

Aber das Gerücht, launisch und unberechenbar, ließ bald wieder von ihm ab. Halldor stürzte sich bei einem Ritt zutode. Man nickte mit den Köpfen und wußte Bescheid.

ZWEIUNDZWANZIGSTES KAPITEL

Den dritten Tag durchritten wir schon und immer noch war das Ende dieser gelben Staubwüste nicht abzusehen. Bleifarbene Basaltblöcke durchsetzten das Gelände. Gebleichtes Gestrüpp war tupfenweise verteilt. Eine Windhose sprang vor uns auf, riß gelben Rauch wirbelnd empor und hüpfte ziehend vor uns einher, ein Bannerträger des kleinen Entsetzens.

Geirr schien sie mit gemurmelten Sprüchen beruhigen zu wollen. Er streckte Zeigefinger und Mittelfinger gegabelt nach ihr aus, und siehe da, sie verschwand. Brygg meinte zwar, sie hätte das auch ohne „Bannung" getan. Aber ich . . . man kann nie wissen . . . Jedenfalls, den Text des Spruches, den Geirr getätigt hatte, vermochte ich ihm nicht zu entreißen. Er legte den Finger auf den Mund, sah sich ängstlich um, als ob wir belauscht werden könnten, und wollte es überhaupt zu keiner Erörterung kommen lassen.

Was uns hier belauschen konnte, war höchstens

die Vulkankette der Askja, die sich vor lilagrünen Horizonten entbreitete. Allenthalben fanden wir ihre Auswürflinge, grobes Glashaar, wie Wolle in Bündeln und Ringen zusammengewickelt. Als wir uns der Kette näherten, vernahmen wir das dumpfe Geplauder ihrer auf halbe Kraft gedrosselten Tätigkeit. Eine unterirdische Erzählung, die man zu verstehen glaubte, solange man nicht hinhorchte. Spitzte man hingegen das Ohr, vernahm man nurmehr das Wimmern des eingesperrten Feuers.

Nachts beobachteten wir mit leichtem Gruseln die von Zug zu Zug aufglühende Pfeifenraucherei dieser geduckten Versammlungen.

Geirr berichtete, beim letzten Ausbruch der Askja seien rote Bälle, langsam wie Ballons emporgestiegen und ebenso langsam wieder in den Kratermund zurückgesunken. Er erzählte auch (flüsternd) von Eldja, der Feuerspalte. Die habe in vier Meilen Länge und 200 Metern Tiefe einen ganzen Bergzug nach gerader Linie durchbrochen, so wie man ein schwarzes Fladenbrot über die Mitte bräche. Während er sprach, wechselten wir über einen Grund von Lavablöcken dahin, die wie geborstene Stubendielen oder Eisenbahnschwellen unseren quarzharten, stolpergefährlichen Weg bildeten. Vor uns zog sich eine düstere Glaciallandschaft zusammen, voll anstehenden Gesteins, das von verflossenen Gletschern tafelglatt geschliffen wurde. Es mehrten sich nun doch die Anzeichen, daß wir uns bewohnbaren Gegenden näherten. Verkrüppelte Kuckuckslichtnelken fristeten in lavakrümeliger Erde ein kümmerliches Dasein. Am Boden hinkriechende wollige Weiden legten den Hufen unserer Pferde unangenehme Fallstricke.

An einem versumpften Wasser in der Nähe heißer Quellen fand ich die filzige Pestwurz als gelbblühende Uferpflanze. In ihr nistete die achtäugige Labyrinthspinne. Nicht weit davon im warmen Schlamm die Trittsiegel des grünfüßigen Teichhuhns.

Ein erstes menschliches Anwesen, demjenigen Geirrs völlig gleich, nahm uns zur Übernachtung auf. Mich rührte die eisschmelzende Trauer im Blick der alten Bäuerin, die vor die Tür ihrer Torfhütte trat, um die Wäsche eines Kindes aufzuhängen. Die Fensterscheiben waren sonderbar blind und gaben weich nach, als ich sie betastete. Sie bestanden aus Schweinsblasen.

Um uns herum hieß die Gegend: Prihyrningur, Tjarnardrag und Kidagyl, Namen die am Gehör nagen und in unübertrefflicher Weise das Profil von Bergen, Hügeln, terrestrischen Mißgeburten nachzeichnen, nicht nur durch Begriffsfixierung, sondern rein klanglich.

Das Anwesen lag im Schutze einer Tuffwand, die sich in absteigender Linie nach Westen hin entwickelte. An den Schafstall gelehnt beobachtete ich (es war um Mittag herum), wie sich ein weißes Wolkengewöll an der Hohlkehle der Bergwand langsam zu einer langen Wurst einrollte und mit sonderbar kriechenden Bewegungen einen schwarzen Schatten über den gelben Hang legte. Nachmittags verlor sich das Gebilde in einem fliegenden Grau, um abends wieder zu diesem Kissen, dieser Schlummerrolle von flockig weißer Wolle zu gerinnen. Mister Brygg befischte unterdessen vergebens das dünne Geröllbett weitverzweigter Bäche.

Es gelang mir, die Bäuerin mit dem traurigen Blick ins Gespräch zu ziehen. Sie war in jungen Jahren als Magd in Dänemark gewesen. Aber, sagte sie, wer auf Island aufgewachsen sei, könne nicht gut anderswo leben. Nur auf Island gäbe es Wunderbares, weil Islands Erde so nackt sei. Das „Wunderbare" käme hier besser durch. Und ohne das „Wunderbare" sei man ja so verloren.

Ich redete von Wolkenbildungen, wollte erfahren, wie sich die Isländer aufs Wetter verstünden. Sie legte sich mein Wort als „Wolkenbilder und Erscheinungen" aus und bestätigte, daß der Eingeborene mit Herz und Seele zwischen seinem Wolkenhimmel und seiner Lavaerde lebe. Ich nahm die Fährte auf. Es endete damit, daß sie mir eine Saga erzählte. Mir wollte es scheinen, daß in jede Minute isländischer Gegenwart die ganze Inselvergangenheit, soweit sie durch den Menschen bestimmt ward, miteingeschlossen sei und im Bewußtsein des Isländers wirke, ganz gleich, was sich draußen an Weltgeschehen vollziehe oder sich als Invasion westlicher oder anderer Welt über die Insel ergieße. Ob Corned beef oder Lippenstift, amerikanischer Gangsterfilm oder giftig gefärbte Magazine voll Sex-Appeal, jeder kann das aufnehmen, einschlürfen, sich herzlich daran freuen, aber solange er isländisch spricht und damit isländisch fühlt, bleibt er ausgezirkelt. Ihre Zeitungen sind in der Sprache ihrer Sagas geschrieben. Das bedeutet eine achthundertjährige Kontinuation. Eine in immer gleicher Welle fortgezeugte Mentalität.

Mister Brygg war geneigt, die Schuld an seiner erfolglosen Fischerei den Köderfliegen anzurechnen. Verärgerten Gesichts saß er in der Hütte neben dem Herd und schnitt und bastelte an ihren Federflügeln herum. Ich war damit beschäftigt, die Saga aufzuzeichnen:

Als einmal wieder der Schwarze Tod, die Pest, auf Island wütete, taten sich 18 Bauern zusammen, die in magischen Künsten bewandert waren, um dem großen Sterben zu entrinnen. Sie setzten nach den Westmännerinseln über und suchten sich Ansteckung und Krankheit vom Leibe zu halten, indem sie in einer Höhle strenge Klausur übten. Sie steigerten in der Abgeschlossenheit ihre Sinne zu außerordentlicher Schärfe und vermochten mit gleichsam geistigem Ohr die Geräusche des großen Sterbens in der Heimat wahrzunehmen. Als sie eine Abnahme der Seuche zu spüren glaubten, sandten sie den, der der Jüngste unter ihnen war, mit dem Boot hinüber, damit er sähe, wie es stünde. Sie verabredeten aber aufs Wort mit ihm, bis Weihnachten habe er zurückzukehren, um ihnen Bericht zu geben. Er war einverstanden. Sie erlegten ihm auf, daß, wenn er sein Wort bräche, sie ihm eine magische Sendung nachschicken würden, stark genug, um ihn zu töten. Er fuhr ab.

In Island an Land gestiegen, stieß er auf lauter offenstehende Gehöfte voller Toter. Sie lagen im Bett und waren tot. Sie saßen bei Tisch und waren tot. Sie standen mit dem Striegel im Stall und waren über dem Pferd zusammengesunken. Auf Weg und Steg, mit Sack und Pack und aller ihrer Habe traf er Tote an. Sie waren umgefallen, so wie sie gingen und standen. Sie waren schwarzfleckig an Gesicht und Händen, und die Kälte hatte sie konserviert.

Endlich gab es einen verschlossenen Hof. Er klopfte an. Ein sehr schönes Mädchen tat ihm die Tür auf. Sie weinte vor Freude, einen Menschen zu sehen. Sie war noch ganz blaß. Sie hatte gefürchtet, der Tod sei es, der anklopfe. Er umfaßte mit hellem starkem Blick ihre Lieblichkeit und behielt ihre Hand in der seinen. Also ließ er sich von ihr ins Haus führen. Sie sagte ihm, sie hätte geglaubt, sie sei allein von allen Menschen übrig geblieben. Er erklärte ihr den Grund seines Kommens und verschwieg ihr auch nicht seine Verpflichtung zur Rückkehr nach den Westmännerinseln.

Sie führte ihn auf die Bank neben dem Herd und bat ihn, bei ihr zu bleiben. Er versagte sich ihr nicht, ließ sie aber wissen, daß sie ihn vor Weihnachten gehen lassen müsse. Sie zog ihn tief in den Bann ihrer Lieblichkeit. Sie lebten bis Weihnachten in völliger Verlassenheit zusammen. Dann fing die Unruhe an, ihn zu stechen. Er zog den Mantel an und wollte reisen. Sie sank an seinem Knie nieder, gab ihm ihr aufgelöstes Haar in die Hände und flehte ihn an, noch ein wenig zu bleiben. Einige Stunden nur noch. Die Genossen würden sich nicht gleich mit aller Strenge an ihm rächen, wenn er noch ein wenig verziehe, stellte sie ihm vor. Er ließ sich bewegen. So zögerte sie ihn hin bis an den Vorabend von Weihnachten. Nun wollte er sich mit Gewalt nicht mehr abhalten lassen. Sprach das Mädchen: „Du wirst heute abend die Westmännerinseln doch nicht mehr erreichen. Du hast Gegenwind. Nun kannst du auch ebenso gut bei mir, als irgendwo unterwegs sterben.“ Er sah ein, daß er die Abreise unrettbar versäumt hatte. Er legte sich auf die Herdbank, bettete den Kopf in den Schoß des Mädchens. Sie streichelte sein Gesicht mit ihrem gelösten Haar. Still in sich gekehrt, verging ihnen die Nacht. Das Mädchen war guter Dinge. Von Zeit zu Zeit fragte sie ihn, was auf den Westmännerinseln vor sich gehe.

Er sagte: Die Genossen seien eben dabei, eine Sendung übers Meer zu ihm hin zu blasen. Er nähme an, daß die Sendung bald käme. Dann wäre er des Todes.

Sie sagte: „Leg dich in mein Bett. Ich setze mich breit vor dich hin.“

Er tat so. Sie setzte sich mit ausgestreckten Armen vor ihn hin und breitete ihr Schultertuch über ihn aus. Da fing es an, und ihm wurde leicht schläfrig. Das war das erste Anzeichen vom Näherkommen der Sendung. Dann schlief er vollends ein, und auf seinem Gesicht spielten die Schatten seiner Träume. Das Mädchen weckte ihn ab und zu und fragte ihn, wo jetzt die Sendung sei.

Er sagte, sie wälze sich über die Straße hin zu ihnen her.

Je näher die Sendung kam, desto fester schlief er. Zuletzt sagte er noch, die Sendung sei jetzt auf dem Grund und Boden des Hofes angekommen. Damit würde sein Schlaf steinern werden, und sie würde ihn nicht mehr aufwecken können.

Das Mädchen legte sich mit ihrem ganzen Körper und ihrem Schultertuch schützend über ihn. Dann sah sie, wie ein rotbrauner Dampf in den Hof eindrang und sich ihnen tastend und suchend näherte. Als der Dampf sich vollends in die Stube gezogen hatte, ballte er sich zu der Gestalt eines Mannes zusammen. Das Mädchen fühlte, wie der Leib unter ihr kalt und steinern wurde.

Da sprach das Mädchen die Gestalt an und fragte, wohin es gehen solle.

Die Gestalt sagte, es gelte einen Treulosen zu strafen. Sie möchte aufstehen, damit der Auftrag erfüllt werden könne.

„Warum soll ich aufstehen?" fragte das Mädchen.

„Wegen dir kann ich nicht an ihn heran", sagte die Gestalt.

Das Mädchen erklärte sich bereit, wenn die Gestalt ihr vorher einen Gefallen tue. Was denn das sei, wollte die Gestalt erfahren.

„Zeig mir, wie groß du dich machen kannst", sagte das Mädchen.

Die Gestalt blähte sich auf, füllte die Stube bis unters Gebälk, lehnte sich übers Gebälk und streckte ihre qualmartigen Glieder durch den ganzen Hof. Das Mädchen drückte seine Bewunderung aus und fragte: „Und wie klein kannst du dich machen?" „Das kleinste ist eine Fliege", sagte die Sendung und zog sich allsogleich zusammen, sog die zerdehnten Gliedmassen in sich hinein und wurde zu einer Fliege, die sich auf des Mädchens Hand setzte. Das Mädchen rollte die Finger zu einem kleinen Hohlweg zusammen, welchen sie in ein Loch ihres Umhängetuches münden ließ. Die Fliege versuchte durch diesen Hohlweg zu dem Schläfer durchzuschlüpfen. Da fuhr sie aber in einen hohlen Schafsknochen hinein, den das Mädchen unter der Hand verborgen hatte. Sofort verschloß sie die Öffnung des Knochens mit einem Wollpfropfen.

Den Knochen mitsamt der Fliege versorgte sie in ihrer Rocktasche. Gleichzeitig spürte sie, wie das Leben in ihren Freund zurückkehrte. Der versteinernde Schlaf wich von ihm. Er erwachte, wie ein Genesender. Er verwunderte sich darüber, daß er noch lebte. Das Mädchen versuchte ihn und fragte, ob er wisse, wo die Sendung geblieben sei?

Er strengte sein inneres Ohr und sein inneres Gesicht vergeblich an. Er konnte es nicht ermitteln.

Nun feierten sie zusammen Weihnachten in herzlicher Freude und unerschöpflicher Liebe. Gegen Neujahr wurde der Mann wieder einsilbig. Das Mädchen fragte ihn, warum er sich hintersinne. Er sagte: „Ich sehe die Genossen in ihrer Höhle, sie haben das Ohr über unsere Liebe gebeugt und behorchen unsere Freude. Sie ballen die Fäuste, sie vereinigen den Blick ihrer Augen, um mir auf den Grund zu schauen. Sie sprechen über meine Treulosigkeit. Sie sagen, sie müßten eine Sendung machen, so stark, daß sie auch die Kraft eines liebenden Weibes zu brechen vermöge."

Das Mädchen fragte: „Machen sie die Sendung fertig?"

Er sagte: „Sie wringen ihre Stirnen aus, um sie mit einer fürchterlichen Macht aufzuladen. Vor ihr mich zu schützen, wird schwerer sein."

Das Mädchen tröstete ihn und war weiterhin guten Mutes. Sie liebten einander und zählten die Stunden.

Als der Neujahrsabend herangekommen war, stand er von der Herdbank auf und sagte: „Ich spüre es wie Eiswind an den Stirnknochen, die zweite Sendung ist schon an Land. Sie fährt dahin mit unaufhaltbarer Schnelligkeit, und alle Gewalt Himmels und der Erde ist in sie hineingezaubert."

Das Mädchen nahm ihn bei der Hand und bat ihn, ihr zu folgen. Es war dunkel. Sie gingen bis zu einem Buschholzstapel. Sie hob einige Bündel auf. Darunter zeigte sich eine Steinplatte. Es war der Eingang zu einem unterirdischen Gemach. Das Mädchen entzündete eine Laterne.

Während sie die Stufen abwärts schritten, hielt sie die Laterne in ihrem Rücken. Als sie unten waren, erlosch die Laterne, aber ein anderes, fremdes Licht ging an. Es war dort eine Schädelschale, in der flüssiges Gold als ein ewiges Licht brannte. Die Schädelschale stand auf einem runden Stein, in den Zeichen geritzt waren. In ihrem Schein erkannten sie einen am Boden liegenden, verwilderten alten Mann. Es schien, er hätte geschlafen bis zu diesem Augenblick. Er erhob sich von seinem Farrenbette und blickte mit weißen Augen die Eintretenden an.

„Da gibt es sicher etwas Neues, meine Pflegetochter", sagte er, „wenn du auf so weitem Wege bist. Es ist lange her, seit ich dich sah. Was kann ich für dich tun?"

Das Mädchen erzählte ihm die Geschichte von ihrem Geliebten und der Sendung, die ihm nachfolge von den Genossen her, da er sich seines Versprechens entschlug, zu ihnen zurückzukehren. Und sie erzählte ihm, wie sie die erste Sendung im Schafsknochen aufgefangen hätte. Aber jetzt hätten sie eine neue Sendung abgehen lassen, die noch viel stärker sei.

Während das Mädchen noch erzählte, begann es ihren Freund schon wieder zu schläfern. Sein Kopf sank an ihre Schulter. Seine Augen versteckten sich unter ihrem Haar. Sein Mund flüsterte an ihrem Halse die kleinen Geräusche des Schlafes.

„Hilf schnell", sagte das Mädchen. „Es kommt schon wieder über ihn."

Der Alte verlangte, daß sie ihm den Schafsknochen gäbe. Sie tat es. Er rollte und streichelte den Knochen. Sein Gesicht veränderte sich über ihm ganz ins Milde. Da fing die Flamme des flüssigen Goldes an zu zucken. Das Mädchen sagte: „Tu etwas, es kommt."

Da zog der Alte den Wollpfropfen aus dem Knochen. Die Fliege kam hervor, ganz müde und lahm. Er streichelte sie und sagte: „Geh du nun hin und empfange alle Sendungen, die sie je loslassen dort aus ihrer Höhle und verschlinge sie."

Schon wurde ein Getöse hörbar, und die Goldflamme erstarb in ihr kleinstes Leuchten. Aber die Fliege flog durch den Treppenschacht empor und wurde draußen zu einem Ungeheuer, dessen Rachen oben den Himmel und unten die Hölle berührte, so weit war der aufgerissen. Und sie empfing die Sendungen, eine nach der andern. Und ihrer keine erreichte die Liebenden. Sie wohnten auf dem Hof des Mädchens, und Kinder wuchsen um sie heran. Die zaubernden Bauern auf der Westmännerinsel, die ihr Glück behorchten, gaben den Kampf auf, kamen nach Island zurück und versöhnten sich mit ihrem ungetreuen Genossen. Sie gaben der Liebe das größere Recht.

DREIUNDZWANZIGSTES KAPITEL

Wir waren den vierten Tag auf den Pferden und näherten uns den gleißenden Schildbuckeln der drei größten Gletscher Islands, dem Vatnajökull, den wir linker Hand zurückließen, dem Hofsjökull, dem wir zusteuerten, und dem Langjökull, der unser eigentliches Ziel bildete. Ihm zu Füßen entwickelte das Hvitarvatn, das „Weiße Wasser", seine verschwiegene Fülle, voll von Fisch und Hoffnung für Mister Brygg.

Wenn die Mittagssonne über dem halbflüssigen, halbstarren Gedränge dieser überdimensionierten Eistorten stand, wurden ihre Strahlen sichtbar in den Weltraum zurückgespiegelt. Island muß, von weitem gesehen, wie ein Diamantengeschmeide auf der dunklen, flüssigen Brust des Erdballs schimmern.

Thorstein Geirrs verwunderliche Gesprächigkeit befand sich im abnehmenden Stadium, seit wir Odadahraun, das Herz der Ödnis durchlängt hatten und mit Innri Mosar, mit Helgastadir und Elystri Pollar wieder in den Bannkreis der Menschen getreten waren. Wir hatten diese bäuerlichen Siedlungen aufgesucht, um der Pferde und um unserer Mägen willen. Wir stellten fest, daß Wellblech ein unabdingbares Zubehör des isländischen Baustils sei.

Was Geirr betraf, so erklärte Brygg seine abnehmende Gesprächigkeit mehr mit unserm abnehmenden Whiskyvorrat als mit dessen Menschenfeindlichkeit. Der Gegenstand blieb Streitpunkt zwischen uns.

Für mich hatte der kleine, verhornte Mann alles Unheimliche verloren. Ich kann nicht leugnen, daß ich ihm eine gewisse Schätzung entgegenbrachte. Erstaunlich blieb mir seine Fähigkeit, sich gleichsam neben unserem Gespräch zu halten, ganz gleich, ob man es auf seine Gegenwart abgestimmt hielt, oder nicht. Er war ein Stück Nacht, innere Schwärze, gestaltgewordene Einsamkeit. Es war viel Urzeit in ihm. Wir waren ihm dankbar, daß er die suggestiven Pupillen nie wieder auf uns richtete.

Wir rundeten den Hofsjökull, dessen Ausstrahlung von Kälte uns in die Mäntel zwang. Es wurde Nacht, bis wir den Langjökull erreichten. Hier begann ein zuverlässiger Fußpfad, der bis zur Meteorologischen Station am Hvitarvatn führte. Von uns als Quartier ins Auge gefaßt. Auf dem Rjupnafell, umgeben von Zwergkratern, eingeklemmt zwischen Hofsjökull und Langjökull, feierten wir das Abschiedsmahl. Mittelpunkt der Festivität war die letzte halbe Flasche und ein in vulkanisch geheizter Erde gebackenes Schwarzbrot von klebrig-süßem Geschmack, das wir bei einem der Bauern unterwegs erworben hatten.

Es war nach Mitternacht, als wir bei Vollmondschein in die nebelfreie Talfalte hinabblickten, durch die wir, Rucksäcke und Zeltplane geschultert, füßlings zu gehen hatten. Stumm, hochgereckt, die Ponys hinter sich, verwachsen mit seiner steilen Wachstuchmütze, stand Geirr vor uns. Als Brygg zur Abrechnung übergehen wollte, wehrte er mit solchem beleidigtem Ausdruck ab, daß wir uns entschuldigen mußten. Statt aller Antwort setzte er sein Schnupfhorn an die Nase und blies zum Aufbruch.

Der einsame Rückweg nach den fernen Weidegründen seines Anwesens machte ihm wenig Sorge. Lange sahen wir ihn von unserem erhöhten Platz aus. Brygg versuchte es mit Winken. Jener hob kaum den Arm.

Ich trauerte dem weißmähnigen Pony nach, das ich liebgewonnen hatte während unseres fünftägigen Zuges. Seine flockige Mähne wallte unten im Mondlicht. Als Geirr mit seiner Kolonne über einen Bach setzte, spritzte das mondhelle Wasser unter den Hufen auf, als würde Kristall mit Hämmern zerschlagen.

In der Meteorologischen Station trafen wir normale Menschen an, die sich von amerikanischen Konserven nährten und den Wetterstand funkentelegraphisch nach der Hauptstadt Reykjavik durchgaben. Es waren gescheite, heitere Männer von jener Sorte, mit der wir es können. Die letzten Reste des Humors unseres Jahrhunderts sind bei den Passionisten der Technik anzutreffen.

Es schien in Kürze, als ob alles sehr lange her wäre, was hinter uns lag. Nach zwei Stunden Gespräch über Weltlage, Montage, Apparate, vermochte ich mich nur mit Mühe der Situation zu erinnern, wo ich, von fremden Schauern berührt, ins runde Auge meines Pferdchens starrte, das voll war von schwarzer Erfahrung der Sümpfe, Lavafelder und Hochmoore. In die Tiefe von Generationen sah ich durch dieses schöne Auge. Wieviel Mühsal, Verzweiflung, Angst war diesem geduldigen Fleische eingewachsen seit Hunderten von Jahren.

Die Herren setzten ihren fauchenden Primuskocher in Gang und sorgten für die allgemeine inwendige Erneuerung. Einer schnitt Dosen voll Mixed Pickles, Spargel, Tomatensaft und kalifornischem Fleisch mit dem Jagdmesser auf, als sei das Blech Papier. Seine Messerroutine bewies er anschließend noch an den Flaschen, die er mit einem Hieb, sozusagen glassplitterspurlos köpfte. Korkenzieher waren vorhanden, aber standen nicht im Ansehen.

Später lauschten wir, wie der Wetterstand drahtlos durchgegeben wurde. Ein völlig in Zahlen aufgelöster Himmel wurde da skizziert. Wolken, Strömungen, Winde waren zu Formeln eingedickt, aus welchen, wie eine Wurzel, das Künftige gezogen werden konnte. Und dieses Künftige war bedenklich.

Odadahraun, Lavafeld der Untaten, Platz der Geächteten hörten wir unsere neuen Freunde die Landschaft unseres Rittes erläutern. Noch vor fünfzig Jahren rüsteten die Myvatn-Ansiedler von Reykjahlid eine bewaffnete Expedition aus, um jenes sagenhafte Tal der Utilegumen aufzusuchen. Sie mußten nach namenlosen Reisestrapazen wieder umkehren, ohne es gefunden zu haben. Von diesem Tal hatte also der alte Thorstein Geirr authentische Kenntnis durch seinen Papa. Wir waren wahrscheinlich die Ersten, die es mit dieser Deutung zu Gesicht bekamen.

Auch, daß wir auf einem im Bewußtsein gegenwärtiger Isländer verschollenen Reitweg über das Hochland zum Langjökull gekommen sein mußten, wiesen uns die Meteorologen nach. Unser Unternehmen erschien uns erst nach diesen Worten im ganzen Umfang seiner Rühmlichkeit.

Seit Generationen geistern (so zog sich das Gespräch weiter) die Gerüchte von einer Verbrecherkolonie im Ächtertal durch die Mägdekammern der Einödhöfe. Manche sprechen von regelrechten Dörfern, ja, unter Eisdecken verborgenen Städten. Der Grund, aus dem solche Gerüchte sich immer wieder neu belebten, sei in dem alljährlichen Verschwinden großer Mengen Schafe aus den Herden zu suchen, die sommersüber auf die spärlichen Almen des Hochlandes geführt würden.

Im Spätherbst, beim Abtrieb der Herden in die Täler, erwies es sich regelmäßig, daß 20 000 bis 30 000 Stück fehlten, ohne daß auch nur ihr Gebein an steilen Abstürzen oder anderen Unfallstellen gefunden werden konnte.

Man nahm es als das erzwungene Jahresopfer an das wilde Innere der Insel. Die „Draußenlieger" mußten schließlich leben. Mit was sonst sollte man sich den Verlust erklären.

Kürzlich erst hätten Bauern, die am Uxahryggir entlangzogen, in der Dämmerung Gestalten vor sich herfliehen sehen, ohne sie stellen zu können.

VIERUNDZWANZIGSTES KAPITEL

Die Meteorologen hatten bestätigt, daß es im „Weißen Wasser" Forellen gäbe, an der Flußmündung der Froda sogar Lachs. Brygg hatte daraufhin den halben Nachmittag bei der Revision seines Angelzeugs verbracht. Gegen Abend machten wir uns auf den Weg. Entfernungen sind im isländischen Hochland nie frei abschätzbar. Obwohl die silberne Platte des Sees nicht weiter als einen Steinwurf vor uns zu schimmern schien, waren wir eine gute Stunde auf den Füßen, ehe wir auch nur in die Nähe des Ufers gelangten.

Unser Auftreten rief große Unruhe unter den Wasservögeln hervor. Erst sahen wir im dunklen Rauch des Grüns ausgedehnte Inseln weißer Punkte sich vor unseren Schritten wegbewegen. Ein klagender, erregter Singsang begrüßte uns ohne Freude. Etwas weiter nördlich, rechts von uns, weideten halbwilde Ponys. Sie gehörten zur Station. Ihre kräftigen, mähnenumwallten Leiber schimmerten vor Sättigung. Und in diese Pferdeherden hinein, Gott verzeih uns, drängten wir mit unserem notwendigen Weg die bewegten Inseln weißer Vögel.

Selber gerieten wir indessen auf endlose Flächen schwarzen, flimmernden Gruses, die von Pfützen spiegelnd durchsetzt waren. Sie spiegelten den Langjökull, wenn man schräg auf sie sah, die Sonne, das gelbe Licht und den runden Himmel auf dem Grunde tiefer Schwärze. Sie spiegelten auch uns, wenn wir mit schlammverkrusteten Schuhen über sie sprangen.

Nördlich von uns steigerte sich die Aufregung in den Wiesen. Die vielen weißen Punkte, Hunderte von Schwänen, wie wir jetzt feststellen konnten, flügelten unsertwegen mitten zwischen die äsenden Pferde. Ein Geräusch entstand, als ob jemand mit nassen Tüchern um sich schlüge. Dann ein prasselndes Getrappel von Hufen. Zwischen die dunklen Massen der aufbegehrenden Ponys rauschten die Wildschwäne in zerfetzten Ketten. Nordwärts brausten sie von dannen –, flach überm Boden die großen Vögel, hüpfend und mähneschüttelnd die Vierbeiner. Lange noch blieb das Flüsterecho ihrer Flucht in der Luft.

Der dunkle Sand, über den wir schritten, war hellgefleckt von dickposigen Schwanenfedern. Kleiner Wind trieb sie lautlos vor sich her. Mister Brygg sah und hörte nichts von dem, was uns die Gegend bot. Er pirschte unentwegt das Seeufer an, erfüllt von der Begierde, das eisige Wasser mit seinen Angeln zu durchforschen. Weit war er mir voraus, der ich es nicht unterlassen konnte, Interesse zu zeigen für die Umwelt und ihre seltsamen Sprüche. Weit voraus –, und ich wußte, nachlässiger Spott kerbte seine Mundwinkel, er lächelte über mich, den Nachzügler. Gleitend schritt er dahin, ein Indianer, der Beute wittert, die Fischstange wie eine Waffe in der herabhängenden Hand.

Am Fuße jenes schwarzen, sargförmigen Berges, der den See nach Westen begrenzt, erschienen jetzt kleine Eisberge, blaugrün, sonnendurchschimmert. Brygg hatte kein Auge für sie. Links von uns dehnten sich nachthin unendliche, braune

Strecken Moor, von blühendem Wollgras überflaggt. Brygg blickte weder rechts noch links. Ich blieb stehn und drehte mich um: hinter uns die Ostberge lagen da, Haufen gelber Asche, vor Gründen, blau wie Kinderaugen. Er verschmähte es, sich rückwärts zu wenden.

Der Raum insgesamt war schwach von Rauch durchzogen. Neben unserem Pfad zeigte sich ein tiefer Kolk, von einer fließenden Wasserader in den Grus gewaschen. Eine lange, giftgrüne Tangpflanze darin ließ sich träge von der Strömung kämmen. Brygg war achtlos vorbeigegangen.

Schwanenkot glitschte unter jedem Schritt: lauter gedrehte, grünschmutzige Kringel zwischen weißem Gewöll. Er trat hinein, ohne daß es sein Denken erreichte. Ich wußte, daß diese Vehemenz sich nach Innen verlagern würde, sobald er seine Angelschnur im Wasser hätte.

Unten am Strand wurde jetzt das Boot sichtbar, von dem sie uns auf der Station gesprochen hatten. Brygg war schon lange dort, hatte sein Gerät zusammengesetzt und wartete fühlbar auf mich. Er starrte ins Wasser, rauchte und wandte den Kopf nicht, als er meine Schritte knirschen hörte. Seine schlechte Laune regte mich zu einer kleinen Bosheit an. Wie suchend spazierte ich am Strand entlang, stöberte mit der Fußspitze im Bimsstein herum. Ohne mich konnte er das Boot nicht ins Wasser kriegen.

Der Sargberg lag überlebensgroß vor uns. Schuttbahnen glitten von seinen Scheiteln wie der Abfall aus Hochöfen. Man konnte fast sehen, wie der Gletscher an seinen Flanken zehrte, sie abschliff, sie mit sich ins Wasser zog. – Ich bummelte gemächlich zum Boot zurück. Brygg rührte sich nicht, nur die Qualmwolken der Pfeife ließen seinen Zorn ahnen. „Na", sagte ich versöhnlich, „wollen wir diese leichtfertige Kiste da flott machen?"

„Wenn du meinst", antwortete er und bleckte mir mit einer langsamen Grimasse die Zähne.

„Also, Schiff ahoi", lachte ich und packte am Heck an. Er tat das Seine und hob den Bug. Wellen schlapften weißgrau um den runden, kiellosen Bauch des Bootes. Unserer Abfahrt antwortete eine Art Gewinsel: traurig schluchzte es an dem schwarzen Grusstrand längs.

Brygg saß im Heck. Ich holte kräftig mit den Rudern aus, während er, Pfeife schräg, sein Angelzeug in Anschlag brachte. An zwei Leinen hüpften bunte Forellenfliegen hinter uns her. Die Angelruten vibrierten im Zug der Fahrt. Er hatte ihre Schäfte im Heck befestigt und sah ihnen, die von selbst für ihn arbeiten sollten, genießerisch zu.

„Lenke nach der Flußmündung", schlug er milde gestimmt vor, „du hast gehört –, Lachse."

„Mister Brygg", sagte ich bittend, „laß uns

erst den Gletscher ansehen. Wir haben dann immer noch Zeit genug zum Fischen." (Die Angelegenheit war Streitpunkt zwischen uns, seit wir auf der Station Kaffee getrunken hatten.)

Sein Gesicht zerfiel vor Enttäuschtheit. „Jedermann weiß, was ein Gletscher ist", orgelte er mit gebändigter Stimme.

„Aber was der Langjökull ist, weiß nicht jeder", wandte ich ein. Er verstummte. Ich setzte meine Absicht durch und hielt den Bug in der Richtung des Sargberges, um dessen Schultern sich der riesige Gletscher schmiegte. Im letzten Widerschein des Lichts funkelte er wie kleingehämmertes Glas.

„Ich bin nach Island gekommen, um zu fischen", nahm Brygg einen bedrohlichen Anlauf. Noch lag seine Wut nicht offen zutage. Unterirdisch bebte er. „Dir zuliebe beschäftigen wir uns schon viel zu lange mit unergiebigen Dingen", brummelte er. Ich ließ die Mundwinkel sprechen, und konzentrierte mich auf die Peilung. Dies und das mußte ich mir einprägen für unsere Rückfahrt.

Das nach Nord-Ost erstreckte Ufer hinter uns verlor sich in Linien niedriger, dunkler Sandbänke, Buchten und Grasflächen. Die Dollborde knarrten in Druck und Zug. Eifrig schaufelte ich uns vorwärts. Brygg verdichtete das Schweigen in sich, bis es dröhnte. Er fixierte seine delikat beköderten Angeln, bei denen sich kein Anbiß melden wollte. Klar, ich fuhr einen Kurs, der den Fisch vertrieb. Die Überquerung der Seefläche, für die ich dem Augenmaß nach eine halbe Stunde gerechnet hatte, war in zwei Stunden noch nicht vollbracht. Die Sonne war untergegangen, aber das Licht war durchdringender als zuvor. Es war unvergleichbar dem Dämmerlicht über dem Myvatn und völlig anders als dasjenige über den Lavawüsten. Es wollte mir scheinen, als werde das Licht durch die Landschaft bestimmt. Hier glomm es in Goldgelb und war doch von quälender Helligkeit.

Die ersten Eisberge kamen auf uns zu. Sie lagen nicht in einer Reihe, wie man vom Ufer aus hätte meinen können, sondern waren in Zeilen nach den Schriftzügen unterseeischer Strömungen verteilt. Ihre momentane Unbeweglichkeit zeigte sich an ihren Spiegelbildern, die mehr Wirklichkeit zu haben schienen als sie selbst. Ihre Oberfläche hatte etwas wie zersprungene Zuckersterne. Man spürte Lust, in diesen grünglitzernden Stoff hineinzubeißen.

Meine unstillbare Neugier beunruhigte Mister Brygg. Er versteinerte in Griesgrämigkeit, während seine Hände nervös an seinem Fliegensortiment herumfingerten.

Eine Unannehmlichkeit stellte sich ein: unter

Wasser treibende Eisschollen schepperten gegen den Bauch unseres Bootes. Bryggs Angelhaken bissen sich fest in solche Stücke. Die Kurbel trillerte. Er rollte seine Schnüre ein und gab auf.

„Du hättest mich besser am Ufer gelassen", schimpfte er. „Wenn du nicht vorsichtiger ruderst, wirst du uns solche Scherben in den Bug rammen."

Er trat prüfend in den Schiffsboden: es dröhnte. „Die Planken sind dünn wie Zigarrenkistenholz", fügte er hinzu.

Ich hemmte folgsam unsern Zug und ruderte mit gleichsam tastenden Riemen. Hinter dem Südhorizont hob jetzt ein dampfender Wolkenstier seinen grauen Leib. Wetterwechsel stand bevor. Mir standen Schweißperlen auf der Stirn. Es war nicht zu begreifen, daß man dem Westufer um keine Ruderlänge näher kam. Und trotzdem lagen die Gletscherwände so deutlich da, als brauchte man bloß die Angelrute nach ihnen auszustrecken. Ich ließ ein kleines Keuchen hören. Es war rein als Werbung gemeint, doch Brygg machte keine Miene, mich abzulösen. Das hatte ich auch wohl nicht um ihn verdient. Er sah gleichmütig vor sich hin und gönnte dem sich verwandelnden Bühnenbild keinen Blick. Das sonnenlose Westgold vertiefte sich in seinen Wirkungen. Nebel überschliffen flach den Gletschernacken: niedrige Haufen grauer Schlagsahne. Die Südberge aber ließen lautlos diesen Stier wachsen. Seine Hörner wurden allmählich zu drohenden Säulen, zerteilten sich hurtig an ihren Enden zu einem auswuchernden fiederblättrigen Geäst. Der Wolkenstier entwickelte sich zu einem nebulösen Gehölz, fiel mit Laub und Zweigen über die ganze Sicht, hüllte die Bergkuppeln ein, kroch über sie hinweg lebendig-wogend auf die Seeplatte los. Die Gipfel und Durchblicke, die ich mir als Markierung unserer Rückfahrt gemacht hatte, waren verschwunden, ehe ich geeignetere Punkte ermitteln konnte.

Mister Brygg lehnte sich im Heck zurück wie in einem Sessel, betrachtete mich wortlos und bearbeitete seine Pfeife. Seine Haltung drückte aus: mach, was du willst, und erwarte nichts von mir.

Mein Ohr wollte wahrhaben, daß wir uns nun auf Rufweite vor dem Gletscher befänden. Ich brüllte ihm entgegen. Er warf das Echo zersplittert und aufgelöst zurück. Aufgelöst. Damit wurde offenbar: Die Wände, senkrecht ins Wasser vorgeschoben, höher als fünfstöckige Häuser, waren nicht kompakt, sondern ein Gewebe von Spalten und Schluchten, vielfältig ineinander verschachtelt. Schwarzgrüne Flecken abgerissener Erde waren in ihren Glasfluß eingeschmolzen. Hörbar wurde, und mit jedem Ruderschlag deutlicher, ein dauerndes Wispern und Flüstern. Ein verhaltenes Schaben. Ein Geräusch, wie wenn

Fische abgeschuppt werden. Zwischenhinein grollten unterirdische Donner, wie in Watte gewickelt, begleitet von schneestäubenden Zusammenbrüchen innerhalb des flüssigen Kolosses. Wo er sich um den Sargberg wand, in der Kurve seines Zuges, war Schotter drehend aufgewühlt zu Zinnen, Mauern, Rollsteinhalden.

Brygg sah nach der Uhr. „Dreiundzwanzig", sagte er tonlos.

Wir fahren gleich zur Flußmündung hinüber, begütigte ich ihn.

Der letzte Widerschein an den nördlichen Aschenbergen verblich unterdessen, denn das Wolkengewächs eroberte gelassen das restliche Licht.

„Hör zu, Mister Brygg", schlug ich vor –, „laß uns hier anlegen und mal eben seitlich am Gletscher hochklimmen. Ich möchte einer dieser ersten Menschen sein, die da hineinblicken."

„Hauptsache, daß mir der Tabak nicht ausgeht", knurrte er und faßte prüfend nach seiner Tasche. Die Pfeife hing ihm ganz links im Mundwinkel und gab ihm einen Ausdruck von grämlicher Verwegenheit. Seine Lippen machten flap-flap. Er schlug auf seinen Tabaksbeutel und hustete. Ein Tabakskrümel war ihm in den Schlund geraten. Ich benutzte seine Verlegenheit und legte seine Gebärde als Zustimmung aus. Rechts, neben dem Gletscher entlang, säumte Geröll wie schwarzgeäderte Mammutschädel einen Halbmondstrand. Rasselnd lief das Boot fest.

Wir klommen zwischen lockerem Mischgestein empor. Drüben, das Ufer unseres zwiespältigen Aufbruchs war verschwunden, abgesackt in graue, wabernde Ewigkeit. Das trübe Milchglas des Wassers begann aus sich zu leuchten. Eisiger Wind kam auf, das heißt, wir stiegen in ihn hinein. Er gehörte der Höhe an.

Das Wolkengewächs, jetzt dick, schwarz, klumpig, war dabei, den letzten freien Himmelsraum im Osten zu erledigen.

Die Wand, die wir bezwangen, schien sich uns entgegen zu neigen, steil wie eine Estrichtreppe. Spielzeugklein lag unser Boot zwischen den Steinschädeln im leeren Halbmond der Bucht. Wir waren befremdlichen Maßstäben überantwortet.

„Wenn ich nur wüßte, was du hier suchst", murmelte Brygg mit erloschener Stimme. Er schöpfte Atem und knöpfte sich die Jacke bis oben hin zu. Die Pfeife hinderte ihn am Klettern. Das Klettern hinderte ihn am Rauchen. Er war vollkommen unglücklich. Die Luft veränderte sich. Unsere Lungen rauschten. Schnaufend arbeiteten wir uns vorwärts. Unter den Füßen Geröll, leimige Erde, nasse, wasserverrührte Asche. In den Ohren ein ununterbrochenes Sausen, wie von fernen Schnellzügen, die über Brücken donnern. Eisluft flutete uns vom Nacken des Gletschers entgegen.

„Mit Thorstein Geirr hätten wir das leichter gehabt", sagte ich und wischte mir den kalten Schweiß von den Augenlidern.

„Vielleicht bist du da auf den Spuren seines Vaters", gab Brygg böse zurück.

„Man muß der Sache mal so nahe auf den Leib rücken", stöhnte ich –, „wir kommen hier doch nie wieder her."

„Hättest es vorher sagen sollen", meinte Brygg –, „jetzt, was bleibt mir übrig?"

Ich blickte, an den Rand tretend, seitwärts in die Gletscherschluchten. Da öffneten sich schwarze Eisspalten wie die erdbebenverschobenen Straßenzeilen einer geträumten Stadt. Es sog an mir. Ich mußte weiter.

Brygg weigerte sich, auch nur noch einen Schritt bergan zu tun. Er wolle auf mich warten, bekundete er und setzte sich entschlossen auf einen Steinbrocken. Ich blieb im Zuge meines Vorwärtsdringens. Etwas später sah ich mich um. Klein, fern, zwergenhaft und doch überdeutlich sah ich seinen vertrauten Rücken. Rauchwolken trieb der Aufwind hinter mir her. Es war der süße Feigenduft seines Drumond Castle.

Da geschah etwas, oben über mir in der Wand. In Ketten rieselte es herab. Steinschlag. Gleichzeitig knarrte es, als wenn jemand durch die ganze Weite hin stöhne, röchle. Dann eine Art Schrei, hell, furchtbar. Von Falte zu Falte warf sich sein Echo.

Angst kraulte mir das Nackenhaar. Dröhnen zog mir durch die Ohren. Hier lag Eis in haushohen Schichten über kochenden Lavaströmen. Plötzlich war es mir bewußt – die ganze Insel ein böser, gärender Brei, Feuer und Eis, in ewiger Unvereinbarkeit miteinander im gleichen Kübel. Der hartgrindige Zauberer vom Myvatn mit dem weißen Nebel unter der Mütze. Das unterirdische Solveigslied. Das Reich ohne Trost. Geächtete, Widergänger, Geister. Die innere Finsternis. Dasein aus Fisch und Schaf. Die Nacht der Furcht im Auge eines Islandponys. Statt Baumwipfel runde Schwefeldämpfe, Windhosen aus brauner Asche. Wälder aus Wolken. Und immer alles nackt. Gäa ohne Haut. Ein wunderbarer Platz zum Leben, wenn man ewig leben würde.

Ewig leben –, der Wunsch spannte mich in einen kalten Schmerz. Herz-umzingelnd griff der Wolkensaum immer weiter herüber. Bergzug um Bergzug wurde übermannt. Die Furcht wuchs in mir, kroch den Rücken hinab, in den Unterleib, erweichte die Knie. Seekrank wurde ich auf der rutschenden Erde. Eiswind der Einsamkeit... Wo befand sich Brygg . . . War er überhaupt noch vorhanden?

Ich sprang bergab von Stein zu Stein, rodelte auf großen Tuffschollen meterweit dahin. Der Fluß des Gletschers schien knisternd hinter mir her zu sein. Ich floh, verworrene Sterne vor den Augen.

Da hockte Mister Brygg, hineingekuschelt in den hochgestellten Jackenkragen. Er saß mit dem Rücken sozusagen gegen das Elementare. Kauerte ruhig, unberührt, sein Tabak wölkte mir entgegen als Verheißung von Menschenwelt, zielhaftem Dasein, gebändigten Kräften.

„Na, bist du fertig mit dem da", fragte er freundlich und zeigte mit dem rauchenden Pfeifenmundstück zurück.

Mit einem ganzen Gefolge von Rollsteinen kamen wir beim Boot an. Bryggs gute Laune war wieder hergestellt. Aber die Ruder rührte er nicht an. Er ließ es mich entgelten, daß ich uns hierher geschafft hatte. Sollte ich dafür sorgen, daß ich uns wieder wegbekam.

Seitwärts glitten wir an der schmutzigen Eiswand entlang. Etwas Unangenehmes hatte die immer noch wachsende Wolkenwand mit sich gebracht: einen raschen Landwind, der uns gegen den Gletscher drückte. All die schönen Eistraumberge kamen, von ihm getrieben, mit ruhiger Unerbittlichkeit auf uns los. Unterwassertreibeis war schon in ganzen Girlanden herangeschwommen und schrapte an den Bootsplanken. Manchmal fuhren wir auf, und der Bug stand schräg hoch. Dann hatte ich doppeltes Gewicht zu rudern, die Eisscholle und uns.

Ich wurde wechselnd rot und bleich vor Anstrengung. Ich führte nur noch das Backbordruder, um das Boot gegen den Wind herumzudrücken. Diesmal hatte ich nicht nötig, ein gekünsteltes Keuchen hören zu lassen. Man konnte sehen, was gefällig war.

„Das hab' ich nun von deinem Starrsinn“, sagte Brygg und packte das andere Ruder. Beide mußten wir auf der gleichen Seite drücken. Und obwohl er frische unverbrauchte Kräfte einzusetzen hatte, kamen wir nur langsam, stoßweise über das gegen uns stehende Eis.

Ein sausenumhülltes Donnern riß unser beider Köpfe herum. Wir starrten weitäugig den Gletscher an. Nochmal: rumms, und zischend sprang nasser Schnee hoch wie von einer Explosion. Ein Krach, der einen Spalt in mein Gehör riß, durch den ganzen Körper hin. Ein Hochhaus aus Eis kippte ab, stürzte mit breiter Fläche aufs Wasser und schlug es flach auseinander.

Wogen hüpften auf, leuchtender Schaum sammelte sich auf ihren Kämmen. Berge von Wasser, gestriemt wie Muskeln, kamen auf uns zu. Wir lenkten das Boot mit dem Bug dagegen und hielten die Riemen in gespannten Fäusten. Ich sah unsere Nußschale aus verengten Pupillen plötzlich unter mir in der Flutwelle drehend emporgerissen, sich querlegen, und dann, ein paar Meter weit geschleudert, schräg voll Wasser schlagen. Der See erzitterte nach allen Richtungen.

„Dein Gletscher läßt schön grüßen“, schrie Brygg mich an. Mit einem ausgezogenen Stiefel schöpfte er Wasser aus dem Kielraum. Wir hatten Glück gehabt, die Planken waren so nachgiebig, daß sie heil geblieben waren. Ich stemmte mich in beide Ruder. Hinauf, herunter drehte sich der Horizont. Die Wolkenfront war dabei, das übrige Drittel des Himmels einzukesseln. Das Goldlicht blinkte aus einem Schlitz des Westens herüber, zitterte, oszillierte – das Auge eines Eisfuchses.

Und während der neugeborene Gletscher mit steilen Zinnen auf dem Wasser schwankte, gelöst in seiner Schwere, umkreisten ihn und uns die aufgescheuchten Seevögel. Sie schleuderten sich in verworrenen Formationen durch die Luft. Ihre Flüge beschrieben die Figuren von dahinschnellenden Lassos, Tauschlingen, Peitschenschnüren. Schwäne mit schwappenden Flügeln und wiependem Singsang, Enten purrend und schnurrend, Eishühner schüttelnd und piepsend, Möwen sichelnd und kreischend. Der Raum war zerschlitzt von ihrem Aufruhr.

Die gefährliche Flutwelle hatte uns in einem gedient –, wir hatten ohne eigene Kraft den Standort gewechselt und befanden uns jetzt so nahe am andern Ufer, daß wir das Springwasser von den Sanden in den See zurückrinnen hörten. Aber zu sehen war nichts. Die Wolken hingen so tief herab, daß sie uns sogar die Sicht gegen den Langjökull verdeckten. Damit verloren wir den letzten Orientierungspunkt.

„Es ist eins", sagte Brygg, nachdem er seine Uhr geradezu ins Auge geklemmt hatte, um das Zifferblatt zu studieren. Er begann sich eine neue Pfeife zu stopfen, was immer Szenenwechsel bedeutete. Aber das Streichholz gab keinen Ton mehr an der Reibfläche. Durchfeuchtet. Die Lippe machte vergeblich flap-flap. Sein Gesicht nahm augenblicks das Kalte, Strenge, Leblosgespannte eines Eisträmmers an. Ich versuchte, seine Verzweiflung nicht zu bemerken.

Die Vögel hatten sich auf unsichtbaren Bänken niedergelassen und umrandeten uns in schreienden Versammlungen. Ihr Winseln und Schnattern war fern durchzogen vom traurigen Kindergreinen der Wildschwäne. Die Wolken waren sich selbst zu schwer geworden und verwandelten sich in einen gleichmäßigen, eisigen haarfeinen Regen.

Wir hatten nasse Füße und kalte Schultern. Die vielen kleinen Aufregungen hatten uns fröstelnd in ihrer Spur gelassen. Wir wurden nachlässig, weil wir müde waren. Alle Augenblicke schurrte das Boot über Sandbänke, ohne daß wir auch nur ahnungsweise ermitteln konnten, wo der Landungsplatz sei, von dem aus der Pfad zur Station führte.

„Hast du eigentlich noch die Absicht, an der Flußmündung auf Lachse zu pürschen“, fragte ich mit gekerbten Mundwinkeln.

„Hohlkopf“, sagte Brygg nur. Sein Ton war berechtigt. Er drehte aus Drumond Castle einen dicken Priem und schob ihn mit verdrossener Kaubewegung in die Backe.

Um zwei Uhr reisten wir immer noch irgendwo undeutlich an Sanden und Untiefen vorbei. Der Wasserstand des Sees schien sich durch den neuen Eisberg verändert zu haben. Die Gegend war nicht mehr zu erkennen.

Um drei Uhr hob sich das große alte Licht der Welt den Bergen wieder über die Schulter. Oder vielmehr: ein Morgenwind blies dort die Wolken weg. Es wurde offenbar, daß es dahinter unentwegt gewacht hatte.

„Wo geht hier, bei Gott, die Sonne eigentlich auf?“ fragte ich ganz baff.

„Sie geht hier überhaupt nicht auf. Sie kreist

nur flach um diese Mitte“, meinte Brygg. Und es war nicht einmal zum Lachen.

Vor unsern Augen verwandelte sich der Regen wieder in Wolken, die von etwas Ziehendem hochgerissen wurden, widerstrebende Schleier, und darunter kam das gesuchte, ersehnte, unveränderte Ufer wirklich zum Vorschein. Schwarzer Grus, zungenähnlich ins milchige Wasser vorgestreckt. Weiße Schwanenfedern darauf, Massen von grünschwarzen Kotkegeln. – Der Kiel knirschte auf Bimssteinkies. Wir stiegen aus, stapften umher, Ungewißheit in den Kniekehlen. Der vermeintliche Landungsplatz war nur eine lange, breite Bank mitten im Wasser. „Vier Uhr“, sagte Brygg. Es war wie eine Bestätigung der Sachlage.

Der schwarze Sargberg erschien, umrahmt vom Langjökull-Gletscher. Die Diamantenkette der Eisberge lag zu seinen Füßen auf dem völlig ruhigen Wasserspiegel, als sei nichts geschehen. Nur einer mehr hatte sich eingereiht. Und zugleich enthüllte sich das Hinterland, der Bezirk unserer Gegend, wie mit einem Schlage. Das regennasse, schimmernde Dach der Station handnah, scharfumrissen. Wir konnten landen. Der Ruheplatz des Bootes zeigte noch die Spur des Kiels, die Fußstapfen unseres Aufbruches am Abend zuvor. Erschöpft stiegen wir aus. Wieder genarrt von einer großen Verzauberung, die wir in unser Schweigen verschließen würden. Mit bleischweren Schuhen, durch und durch ausgefroren, tappten wir über das Wirrwarr der Rinnsale kreuz und quer dahin, an Sumpfwiesen vorbei, schwarzen, goldlichtspiegelnden Pfützen, vorbei an Wollgrasmooren, Bulten und Heidekrautschöpfen, all den Merkmalen, die unsern abendlichen Weg begleitet hatten.

Im Hause, wo wir die Tür unverschlossen fanden, wurden wir von Schnarchen begrüßt. Der wachthabende Telegraphist war über seine Apparate gebeugt und drückte zum Zeichen des Schweigens den Finger auf den Mund und zeigte auf die für uns bereitgestellten Lagerstätten.

Im dicken warmen Dunst des ungelüfteten Zimmers streiften wir die Kleider ab, vergruben uns unter den Decken und Schafsfellen. Der Schlaf ließ sein aufgelöstes Haar über uns fallen: langes, aufgelöstes Haar, in welchem uralte Wasser ronnen, immer hinab, immer abwärts in die ewig unerforschbare Tiefe.

FÜNFUNDZWANZIGSTES KAPITEL

Der Hohn der Meteorologen über Bryggs nächtliche Fischereierfolge hielt sich in Grenzen. Um so mehr als wir wegen des fürchterlichen Dauerregens, der sich eingestellt hatte, darauf angewiesen waren, es gut miteinander zu haben. Man gab diesem Regen mindestens acht Tage Gültigkeit. Wir hatten die Wahl, ihn an Ort und Stelle abzuwarten oder das Lastauto zu benützen, das in drei Tagen von Reykjavik kam, mit der Ablösung und frischem Proviant an Bord. Wir entschlossen uns dazu. Die Aussicht, von dieser wirtlich-unwirtlichen Wetterwarte plötzlich in die Hauptstadt des Landes versetzt zu sein, war verlockend.

Die Meteorologen konnten es allerdings nicht lassen, darauf hinzuweisen, um was für angelsportliche Sensationen wir uns brächten, indem wir darauf verzichteten, das reichste Fischwasser Islands, das Lengavatn, zu Fuß zu erkunden. Auch die herrliche Ungefährlichkeit des Lengavatn zu preisen, wurden sie nicht müde.

Wir verstanden diese Sprache, die mit den Mundwinkeln zuckte, und setzten uns ungerührt zum Kartenspiel.

Um uns bei der anhaltenden Kälte in Bewegung zu halten, hieben wir die Trümpfe derart auf die Lattentischplatte, daß regelmäßig ein schlecht befestigtes Pappbild patriotischen Inhalts von der

Wand fiel. Umschichtig erhob sich einer von uns und hängte es wieder hin. Das Regenxylophon füllte unterdessen das ganze Haus mit seinen melodischen Klängen. Das Wellblech des Daches war schon etwas angezehrt. Wir meisterten die Lage, indem wir Regenschirme aufgespannt ins Gebälk hängten und von Zeit zu Zeit entleerten. So ward mit Radiobegleitung, Frequenzdebatten, Kartenklatschen, Essen, Trinken und Telegraphieren aus Morgen und Abend ein Tag. Die Stunde kam, die Mister Bryggs Knie löste. Er lehnte sich zurück und begann: Derselbe Regen wie damals in Smyrna. Wir waren von Rußland herübergekommen, hatten dort schwere Montagearbeit an einer gelieferten Brücke geleistet und standen ohne Geld auf dem feuchten Pflaster. In Rußland hatte es die Nahrungsmittel, die es auf Karten gab, nicht gegeben, und wir mußten den schwarzen Markt oder die Delikatessengeschäfte für Parteimillionäre bemühen. Beides fraß unsern Erwerb weg bis auf die Koffer voll Tabellen, Zirkel, Reißschienen und unseren angeschmutzten Arbeitskitteln. Die Russen sind darin geübt, auf Ketten zu kauen und sich von Hoffnungen zu ernähren, aber für den Ausländer ist es das ungemütlichste aller Paradiese.

Wir standen also in Smyrna. Unser Konsul war nicht zu sprechen, weil unsere Anzüge nicht in Ordnung waren. Unsere Habe bestand in unseren Zahnbürsten (immerhin Nylon) und einem Sacktuch voll hellblonden Krim-Tabaks. Etwa zwei Kilogramm, ein beträchtliches Vorkommen. Olaf Runshaug trug zudem einen Korbofen am Arm. Das ist ein mit Lehm ausgekleideter Weidenkorb, in welchem geschickte Menschen vermittels Holzkohle eine schüchterne Wärme zu erzeugen vermögen, die einem hilft, kalte Nächte auf russischen Bahnhöfen, in ungeheizten Zügen, auf Stationen ohne Wartesaal, zu überstehen.

Anders Kiär trug, treulich behütet, einen russischen Teekessel als Armband. Wir gossen Pfefferminztee in ihm auf, den wir an der Uferböschung pflückten. Die größeren Mahlzeiten mußten wir mit Datteln und Maiskolben bestreiten, die wir bei den Ladeplätzen der Schiffe im Vorbeigehn abstreiften. Fertigkeit war unsere beste Eigenschaft. Außerdem traten wir abends in einem Matrosenkabarett als Kanarienvogelimitatoren auf. Das war besonders Anders Kiärs Geschäft. Auch mit dem Wolgalied hatten wir bescheidenen Erfolg. Er reichte gewöhnlich nicht weiter als bis zu einem ganz kleinen warmen Essen, das wir im selben Raum, gleich nach unseren Kunstdarbietungen, heißhungrig an den Tischen verzehrten, vor denen wir uns eben noch produziert hatten.

Für uns war nur eines wichtig: von Smyrna wegzukommen, und ein Land zu erreichen, wo uns die Devisen blühten. Das war in diesem Falle Hellas. In Hellas erwartete uns ein großer Auftrag. Arbeit für Monate. Brückenbau im Bürgerkriegsgebiet. Der einzige Weg dorthin ging zu Schiff. Das Problem der Fahrkarte, die wir im Piräus sofort hätten bezahlen können, erschien den Reedereien unlösbar. Wir mußten ihm auf unsere Weise nahetreten.

Wir traten ihm nahe. Aber im Hafen von Smyrna liegen die Schiffe alle mit dem Heck dem Quai zugewendet, und man gelangt nur an Bord, wenn man sich an die Reling heranrudern läßt. Für uns keine Möglichkeit, weil wir das nicht zahlen konnten. Auf den Heuerbüros zuckte man die Achseln: rüberarbeiten, kommt garnicht in Frage. Schwer verboten. – Nichts aber ist reizvoller, als die Lücke zu finden, die in jedem noch so totalitären System unschließbar übrig bleibt, zufolge einem geheimen Gesetz des Unwägbaren, das den Menschen auferlegt ist und sie hindert, ihr Termitenideal zu erfüllen.

Wir zählten uns einfach zu der Gesellschaft der Mäuse, Ratten und Wollhandkrabben, die auch immer wieder an Bord gelangen, trotz aller Vorsichtsmaßnahmen. Als solche durften wir uns erlauben, was anderen Entsetzen verursacht. Abwechselnd unterhielten wir eine Hafenwache, um jedes Schiff festzustellen, das nach dem Piräus abging.

Es ist bekannt, daß die Haltetaue der Übersee-Steamer mit großen, trichterförmigen, stacheldrahtumwundenen Blechen gegen Ratten gesichert sind. Dadurch wird erreicht, daß das an Bord vorhandene Ungeziefer nicht weg kann, und daß jenes, was sich an den Ketten, Seilen oder durch die Klüsen von Land her aufs Schiff schmuggeln will, davon abgehalten wird.

Mit diesen Blechen fertig zu werden, das war unsere Aufgabe. Abends, wenn unsere Wache beobachtet hatte, daß der Kapitän in seinen Salon gestiegen war, mußte der Behendeste von uns, und das war meistens Morten Reymert, übers Heck an Bord klimmen und den Kapitän bei seiner Zigarre, – und das ist seine beste Stunde –, mit der Frage überfallen, ob er geneigt sei, ein halbes Dutzend Monteure gegen Arbeitsleistung schwarz mitzunehmen.

Während sich nun unser Bote auf seinem gefährlichen Kletterweg befand, mußten die andern die Hafenpolizei durch einen künstlich hervorgerufenen Auflauf beschäftigen. Lovely Peggy verstand es meisterhaft, mit Schreikrämpfen hinzufallen und das Interesse der Mitmenschen für zehn, zwanzig Minuten zu binden. Morten unterdessen überwand, schwitzend vor Vorsicht, das zackige Rattenblech. Ging an Bord. Meist nicht sehr sauber. Überfiel, nachdem er den Wachthabenden umschlichen, sogleich den Alten in seiner Kajüte.

Das Bessere, das ihm dabei zustoßen konnte, war, daß er an den Koch verwiesen wurde, der ihm kalte Essenreste vorsetzte. Andernfalls erntete er einfach Abweisungen mit ein paar Flüchen und wurde mit einem Rudergast wieder an den Quai gewriggt.

Tagelang trieben wir dies Spiel. Wir kamen nicht vom Fleck. Wir ließen zwar den Mut nicht sinken. Allein, unsere äußere Verfassung litt dabei. Das ständige Hinfallen rieb Peggys letzten Anzug empfindlich auf. Es kam der Abend, wo er sich weigerte, seinen Anfall zu bekommen. Wir mußten zu künstlichen Schlägereien übergehen. Da sich empörte Orientalen einmischten, und dem vermeintlich Überfallenen beistehen wollten, wurde es manchmal sogar gefährlich. Kein Zweifel, die Anfälle waren angemessener. Wir gingen dazu über, ohne Aufläufe zu arbeiten, indem wir fortan die Schiffe mit zwei Mann beschlichen. Einer, der die Warnung zu pfeifen hatte, während der andere kletterte.

Einmal wurden unsere beiden Diensthabenden, es waren Runshaug und Kiär, von der Hafenpolizei erwischt.

Das geschah an einem grauen Abend. Wenige Laternen sprenkelten Licht über das stinkende, vor Unrat dicke Wasser. Die Polizisten griffen sehr fest zu. Die Pistolenmündungen starrten zusammen mit ihren entsicherten Gesichtern auf die Ertappten. Nach langen, mühsamen Verhören wurden sie freigelassen. Sie hatten aber nicht umhin können, unsern gemeinsamen Schlafraum, eine hölzerne Kaffeebude der Hafenfuhrleute, zu verraten. In diesem Raum, den uns die wohlwollenden Männer (Fuhrleute und Chauffeure gehören im allgemeinen zu den Wohlwollenden) verbotenerweise überlassen hatten, hausten wir mit einer Ölfunzel, schliefen am Boden auf Ladeprallmatten, wie man sie zwischen zwei Schiffen runterhängen läßt, damit sie sich nicht gegenseitig scheuern. Gruppierten uns bei Kälte um unsern Korbofen, in dem wir die Kohlenkrümel verbrannten, die wir an den Löschplätzen zusammenfegten.

Morgens um fünf Uhr, nachdem unsere beiden Diensthabenden von der Polizei verhaftet worden waren, kamen zwei schwerbewaffnete Beamte zu uns, um das Nest auszunehmen. Sie klopften an die Tür. Wir rührten uns nicht. Sie klopften energisch. Zugleich erklärte eine spitze Stimme (ich kann mir nicht helfen, es muß die Stimme eines Eunuchen gewesen sein) uns für verhaftet. Wir sollten sofort öffnen, andernfalls man Gewalt brauchen würde. Peggy bekam einen Lachanfall, der seine Löwenstimme gut zur Geltung brachte. Ich wiederum bekam einen Wutanfall, der stimmungsmäßig ansteckend wirkte. Wir hatten nämlich Mühe, unser bißchen Schlaf bei der empfindlichen Nachtkälte zusammenzubringen. Zudem waren unsre Schlafstunden bemessen, da um sechs die Fuhrleute ihr Lokal beanspruchten. Ich ergriff also meinen schweren russischen Schaftstiefel und schleuderte ihn an die Tür. Das Beispiel wirkte zündend. Sämtliche Stiefel flogen im Moment an Tür und Wände. Das ganze Häuschen wackelte, hüpfte und tanzte. Von draußen erscholl das Tappen flüchtender Füße. Die Polizisten mochten im Sinne haben, Verstärkung zu holen. Wir machten uns fertig, das entehrte Lokal zu verlassen. Mit dem Schlaf war es doch vorbei.

„Auf, ins türkische Bad“, schrie Runshaug. Kiär steckte den Arm durch den Henkel des Korbofens. Peggy trug unsern Kessel. Die Zahnbürste im Knopfloch, eine welke Blume, bewegten wir uns mit ungewaschenen Köpfen stadtwärts.

Auf dem Geschirrmarkt klapperte erstes Leben. Die Sonne, winterlich gelb, schien im grauen Dunsthimmel. Geruch von Pfefferminztee zog aus allen Torwegen und Hof-Fenstern. Um zehn Uhr konnten wir erst das Bad belegen. Die zwei Diensthabenden zogen in den Hafen, und wir übrigen schworen, nicht eher die angenehm warmen Räume des Bades zu verlassen, als bis wir an Bord eines Schiffes steigen könnten.

Das letzte übrig gebliebene Geld von unsern Variété-Darbietungen reichte grade noch für den

Eintritt und für den heißen Tee und das Fladenbrot. Dann streckten wir uns auf die geheizten Klinkersteine, ließen uns, halb im Schlaf, von dem Negerdiener massieren. Der einzige von uns, der nicht russisch zu Fuß war, sondern elegante amerikanische Halbschuhe sein letztes Eigen nannte, worauf er sich nicht wenig einbildete, stellte seinen Besitz nichtsahnend vor die Tür der Entkleidungskabine und vergaß, was wir mit unsern nichtswürdigen Brocken getan hatten, nämlich, sie gegen Empfang einer Blechmarke beim Badewärter in Aufbewahrung zu geben. Hernach, als er seine aufgelöst-erfrischten Füße in ihre angestammten Gehäuse schieben wollte, stand ein anderes Paar an ihrer Stelle. Ausgefranste Schlappen. Das Oberleder mit Schnur zusammengehalten. Seine Empörung wurde bis ins letzte Gewölbe vernehmbar. Aber das Ereignis hatte seine gute Seite: es gab uns für unser Vorhaben den moralischen Rückhalt. Den Badewärtern, die sich stark eingeschüchtert zeigten, konnten wir nun mit unserem verschwiegenen Plan nähertreten: daß wir, da wir ohne Obdach seien, das Bad überhaupt nicht mehr verlassen würden.

Indessen waren auch die zwei Diensthabenden aus dem Hafen zurück, und zwar endlich mit einem fertigen Ergebnis. Ein Kapitän war beschlichen worden und hatte das Angebot angenommen. Er wollte ohnehin drei Leute einstellen und nahm statt dessen uns. Da er Holländer war, selbständig, das heißt, sein eigener Reeder, konnte er machen, was ihm beliebte. Wir sollten bei ihm sogar regelrecht in Heuer gehen. Sein Ziel war der Piräus. Nächsten Mittag stach er in See.

Wir rauchten, tranken Mokka und richteten uns im Bad auf Übernachtung ein. Wir hatten ein moralisches Guthaben wegen der gestohlenen Schuhe, und wir überzogen es bei weitem.

Als es neun Uhr abends geworden war, fing der Bademeister an, unruhig zu werden. Er bot uns Abwechslung an. Er fragte, ob wir nicht mal eine Dame zum Umhängen nötig hätten. Nebenan sei da ein Etablissement, das er uns nur empfehlen könne. Wir dankten und wiesen auf unser gutes Renommee hin, das wir nicht preisgeben wollten. Er begegnete unseren Ausführungen mit einem durchdringenden Unverständnis. Die Badediener verließen demonstrativ einer nach dem andern das Haus. Er wollte Feierabend machen. Schließlich gab er auf und sagte, er würde uns einschließen. Nichts Besseres konnten wir uns wünschen. Am nächsten Morgen gingen wir schon zum Frühstück an Bord. Die „Mijnheer“ war ein respektables Handelsschiff. Arbeit in Hülle und Fülle. Je nach Begabung verteilte uns der Kapitän über seine Planken. Monteure zum Kohlenschöpfen vor die Kessel. Ökonomen zum Kartoffelschälen in die Kombüse. Literaten an Deck zum Rostklopfen und Messingputzen. Wir waren es zufrieden, weil wir dachten, im Piräus sind wir schnell. Quartier wurde uns im Maschinenraum auf einem schwingenden Eisengatter angewiesen. Wir sollten uns nicht mit der Mannschaft „vermischen". Morgens weckte uns der Schiffszimmermann mit dem Schlag seines Hammers auf den Eisenboden hinter unsern Köpfen. „Reise, reise", schrie er, „der Zimmermann ist wieder da." Wir duldeten seine Infantilismen achselzuckend. Aber unterwegs erreichte ein Funkspruch nach dem andern diesen Trampdampfer und verpflichtete ihn nach Rhodos, nach Alexandrien, nach Kreta, nur nach dem Piräus kamen wir nicht hin. Wir waren einem schlauen Mann auf den Leim gekrochen. Ziemlich billig ließ er sich von uns das ganze Schiff überholen. Siebzehn Tage Rost klopfen. Schornstein streichen auf schwankendem Brettchen, Löschen und Laden mit Runshaug am Maschinenkran. Der Quai-Vormann dirigierte die Kranbewegungen je nach Erfordernis durch Schütteln der Hand oder durch starres Ausstrecken. Runshaug an der Winde ließ mit absichtlichem Mißgeschick Kisten voll Rosinen und Haselnüssen am eisernen Rand der Ladelucke zerschmettern. Der wachthabende Offizier notiert nämlich nur das als Fracht, was heil den Laderaum erreicht. Mit Eimern und Schüsseln standen die Küchenbullen bereit, um die Eßbarkeiten einzusammeln. Wir hatten einige Wochen, ja Monate russischer Ernährung wettzumachen. Die Matrosen der „Mijnheer“ waren noch kühner. Fässer voll Samos, die auf Deck verstaut waren, bohrten sie mit kleinen Bohrern an, ließen Eimer voll Wein laufen und veranstalteten mit uns kleine Gelage. Hernach verschmierten sie die Löcher mit Teer.

Bis nach Algier mißbrauchte der gescheite Holländer unsre Arbeitskraft. Dann war das ganze Schiff durchpoliert, und wir reisten endlich gen Piräus.

SECHSUNDZWANZIGSTES KAPITEL

Die Zeit zergeht wie ein Lehmziegel im Regen. Zweihundertsechsunddreißig Stunden liegen hinter uns. Der Studebaker ist auf der Strecke geblieben, und man wird ihn gesondert holen müssen. Einige Flaschen Whisky blieben am Weg zurück. Väter und Söhne, sechs Pferde, zwei Seen, zwei Boote, Berge, Vulkane, Lava, Gletscher und im ganzen wenig Sonne.

Jetzt hocken wir auf dem Lastauto wie auf einem nach rückwärts wegrollenden Sofa. Vor dem Volant war kein Platz mehr für uns. Ein Teil der Meteorologen fährt mit. Sie sind abgelöst worden. Wir sitzen hinten und lassen die Beine baumeln. An den kleinen Steinburgen der Wegwarten rattert der Wagen vorbei. Weite, gelbgraue Geröllebenen sind nur schwach von der Fahrspur gefurcht. In den hohlen Wänden der Tafelberge fängt sich das Gebrüll des anziehenden Motors. Auf den Höhen nieselt Regen, vom Zugwind zu Tropfen geballt. Er schlägt uns eisig an die Backen. Brachvögel, seltner hier, aber doch gelegentlich aufgescheucht, streichen wimmernd, schüttelnd mit ihren graugeperlten Flügeln über uns, fliegen uns voraus, sitzen auf der nächsten Wegwarte ab, beäugen langschnäbelig unsere rüttelnde Ankunft.

Der Horizont ist ein Riesenschaufenster, darin die Ferne zur Ansicht ausliegt. Die manchmal eisblaue Ferne.

Wir machen nur einmal Station unterwegs, um das Wasser im Kühler nachzufüllen, in Ytri Ranga. Es ist sogar ein Umweg dorthin. Man hat ihn unseretwegen gemacht. Es gibt dort etwas, das wir sehen müssen, wie man uns versichert. Eine jahrhundertealte unterirdische Kirche irischer Mönche.

Es hat nichts genützt, daß wir die Bezichtigung zurückwiesen, Leute zu sein, die nach Sehenswürdigkeiten fahnden. Die andern halten Mahlzeit, während wir den Ansiedlern ausgeliefert werden.

Wir betrachteten mißtrauisch die kleine Landwirtschaft, welche sich neben dem „Geheimnis" breitmachte. Aber die gute Miene lohnte das böse Spiel. Ein hübsches braunäugiges Mädchen nahm sich unser an und führte uns zu dem in die flache Erde eingelassenen Gewölbe.

33 Stufen ging sie rückwärts schreitend, mir das Gesicht zukehrend, abwärts. Das Antlitz, von der Petroleumflamme der zylinderlosen Lampe warm umspielt, eine schwebende Nelkenwurzblüte. Seelendickicht in den Blicken, die ruhig und stetig auf mir ruhten. Ich bewunderte ihren ausdrucksreichen, hochgeschürzten Lippenmund. Die Nase bildete mit der Stirn eine Linie. Das schlicht gewellte Kastanienhaar trug sie offen. Wenn die Flamme im Zugwind losch und erst wieder angezündet werden mußte, legte ich meine Hand in ihren kindlichen Nacken. Ein schwarzer, dichter Höhlenwind blies uns an. Nasses, vom Lagern heiß gewordenes Wiesenheu hemmte den Schritt, als wir unten angelangt waren. Grabgeruch der Tiefe. Mit dunkler Stimme erzählte das Mädchen, daß die Kinder des Gehöfts oft stundenlang ohne Licht in diesen unterirdischen Gewölben herumspielten. Während sie noch spricht, ruft von der Seite her eine unbekümmerte Knabenstimme. Es ist ihr Bruder. Etwa zehnjährig. Großäugig tritt er ins Licht. Nacht-furchtlose Menschen.

Den Schornstein dieses unterirdischen Gehäuses haben die Hofbesitzer zum Schacht erweitert, um das Heu bequemer herunterwerfen zu können. Überall sind Schafraufen an den Wänden angebracht. Im Winter sind die Herden hier warm und gut versorgt. Sogar ein Ziehbrunnen ist da. Der Stein, den ich hinabwerfe, braucht 3 Sekunden, bis er hallend ins Wasser schlägt. Ein Andreaskreuz über dem Chorgestühl, alles in die runden Wände hineingearbeitet.

SIEBENUNDZWANZIGSTES KAPITEL

Zement und Wellblech bestimmen die graue Trauer Reykjaviks. Es ist so blechgrau und regenschimmernd wie die dicken Krötenfische, auch Bauchsauger genannt, die ich im Hafen aus einem Ruderboot auf die Steine des Quais werfen sah. Japsende, warzige Dickschädel, mit runden Krötengesichtern, blicklosen Tiefseeaugen, weißschleimigen geschwollenen Bäuchen, auf denen je nach Zappelbewegung grüne, rote und lila Reflexe spielen.

Traurig stimmen einen auch die Schaufensterauslagen, weil man es nicht gewohnt ist, erschlagene Seehunde wie Wildbret ausgebreitet zu sehen. Der schwermutsvolle Menschenausdruck ihrer erloschenen Augen.

In einem anderen Fenster Reihen von Seepapageien. Daß man diese merkwürdigen Vögel essen könnte, wirkt so befremdend wie ein geschlachteter Schwan.

Im ausgedehnten Grau dieser kleinen Stadt wirkt alles Farbige stoßend. Das Gebäck in den Kaffeestuben ist mit veilchenlila Streuzucker überkrustet. Die Mädchen sind so stark gepudert, als ob sie in eine Mehltonne gehustet hätten. Sie bevorzugen einen Schminkstil, der eher dem Pierrot als der Colombine zukommen würde. Die Stimmung insgesamt ist ein wenig diejenige einer Goldgräberkolonie in einem amerikanischen Film.

Der Isländer besitzt die Kühnheit, das absolut Elementare, die Ererregtheit der Schöpfung praktisch in den Menschenalltag zu übersetzen. Die sehr gepflegte öffentliche Badeanstalt ist von heißen Quellen gespeist. Die Zentralheizung überträgt vulkanische Hitze in die Wohnhäuser. Viele Bauernhöfe erledigen ihre Kocherei im heißen Sand direkt neben dem Haus. Ich aß ein schwarzes, körnig-klebriges Pumpernikel, von außerordentlichem Wohlgeschmack, das in glühender Erde gebacken war.

Die Gewächshäuser der Gärtnereien um Reykjavik bringen Zitronen zur Reife. Isländische Ingenieure und Techniker, von den Amerikanern angeregt, sehen große Zeiten für die Insel kommen. Fragt sich, wie lange die Gewalten den Maulkorb ertragen.

Der wüst verknäulte Trollkörper Islands streckt eine brüchige, belegte Asphaltzunge nach Südwesten aus: Reykjanes. Ich ergehe mich auf der flachgewalzten Lava und sehe, höre, rieche mich in den Raum hinein. Das Ende dieser Landzunge hebt sich steil ins Meer. Auf der Westseite ist sie von niedrigen Bergzügen begleitet. Ihre taube Schwärze: ein kalter Traum.

Der graue Wolkenhimmel ist blau von Licht behaucht. Das Meer, ein trübes, gelbgoldenes Geschiebe.

Schmutzig-schäumend wühlen die Wogen über die flachen, rußdunklen Strandsande hin. Irrwischvögel –, Seepapageien mit knallrot geränderten Schnäbeln und kurzen, roten schwimmhäutigen Füßen, schießen als kleine runde Vogelbomben mit wimmernden kurzen Flügeln, seitwärts gestreckten kurzen Füßen, um die Felsen herum.

Trollvögel, kindliche Sonderlinge mit plumpem Hinterteil, weißer Weste, schwarzem Frack, sitzen in Reihen in die Brüche der Felsen eingeklemmt. Eine bunte Versammlung, äugend, neugierig zusammenrückend. Aber wenn ich die Arme hebe, als zielte ich mit einem Gewehr auf sie, erheben sie sich wie auf einen Schlag und treiben wie ein Blätterwirbel im Herbststurm zu Tausenden um die Steilwand. Durchkreuzt von Raubmöwen, weitschweifigen Flügelseglern, die fast unbewegten Leibes auf den Luftschichten schwimmen.

Alke, so zahlreich, daß sie wie Grieß über die fernen Flächen der Sande gestreut erscheinen.

Von den hohen Wogen lassen sich Schwimmvögel tragen und bleiben mit solcher Sicherheit immer am selben Platz, als wenn sie vor Anker lägen.

Fern ein umspülter, grauer Klippenkranz, weißgescheckt von Vogelkot.

Die Steilküste: natürliche Basaltprismen, ein Wald von Säulen, sich nach innen verdichtend bis zur kompakten Schwärze. Darüber, im Windschatten einer Verwerfung: die Blume Baldursbraue (Artemis cotula).

Hier also soll die Goggr hausen, das Urgespenst Islands. Einen Priem schwarzen Tabaks zwischen zwei Zehen klemmen und den Strumpf darüber ziehen, sei die beste Sicherung gegen das Wirken von Geistern, sagte Anna Sigurdardottir.

Ich warte auf Mister Brygg, der mit dem Autobus nach Husavik zurückfährt, um den Studebaker zu holen. Ich habe zwei, drei Tage Zeit zum Herumtändeln auf der Suche nach Island. Schon weiß ich so viel: das Wort stimmt, das da sagt „Wer einmal auf Island war, kommt wieder".

Mit Kristmundsohn, einem Isländer aus Bryggs weitgespanntem Beziehungenkreis die halbe Nacht durchzecht. Als wir vor die Tür der Hafenpinte traten, wo wir uns mit frischem Kaffee ernüchtert hatten, sagte er angesichts der dräuenden Dunkelheit: „Wie kann man sich verbergen vor dem, das nie untergeht." Pathetisch. Gleichwohl –, ein großes Wort.

Mittags auf Grindavik. Flach ins Meer ausgelaufene Lava. Graue Wogen brechen prall darüberhin. Hauen flache, langblättrige Tangpflanzen wie olivengrüne Tapetenfetzen auf dem Boden platt. Dort wird das bis zur nächsten Woge von der Sonne leimig festgetrocknet. Dickes, fahlschleimiges, tropisch-wässeriges Kraut. Geriffelt wie ein Magennetz. Weißviolette Schalenmuscheln dazwischen, im Tode gähnend. Knollentang, von purpurnem Seegras verfilzt.

Unmassen erschlagener Fische bleiben nach jeder Sturzsee zurück. Zerfetzte Flundern, Rochen, ein Hai, dessen Konturen sich nurmehr in dem riesigen Fladen von Maden abzeichnen, die ihn aufgefressen haben. Sein bleichgelbes Katzengebiß. Seine hohlen, bösen Augen. Sein gelbfahles Fell.

Kristmundsohn, durch den ich Reykjavik lieben lernte, grade wegen seiner Mischung aus Behelfsmäßigkeit und hochmodernen Ordnungsformen, – der mich die verschiedenen Schichten erkennen machte, in denen sich diese Stadt darstellt, ihre Antiquität, ihre neunziger Jahre, ihre wuchtige Neuzeit aus Beton und Stahl, ihr gleichmäßiges und behagliches Verteiltsein über alle diese unverlorenen Schichten, das physische Abgehärtetsein ihrer Bewohner gegen jede Art von Elementargewalt bei voller, oder dadurch bewirkter psychischer Frische, – Kristmundsohn gab mir noch einige Proben isländischer Mentalität zu schmecken, Sagatelegramme sozusagen, gespannt von einem ebenso trockenen wie düsteren Humor:

An der Spitze der Snaefells-Halbinsel sah man einen Riesen sitzen. Der ließ die Füße baumeln, so daß die Brandung seine Zehen kraulte. So oft, als der die Füße wie im Spiel zusammenschlug, entstand unten ein Seegang, der das ganze Kap überschäumte. Der Riese sang dabei vor sich hin: Ich war dabei, als die Berge von ihrem Wachstum zerrissen wurden. Ich war dabei, als Feuer aus dem ewigen Eis sprang. Meine Jahre zählt nicht der Mond und nicht die Sonne. Wenige können größere Stürme auf der Schiffsebene erregen als ich. Aber jetzt, hier auf der befreundeten Erde sitzend, das Meer als Badschüssel zu Füßen, da tut mir das Hautwaschen wohl.

Ein anderes nannte Kristmund „Totenweisheit“.

Ein menschlicher Schädel, den eine alte böse Magd als Stallampe mißbrauchte, indem sie ihre Kerze in sein Ohrloch bohrte, fing an zu sprechen: Kummer und Weh um Weiber haben oft tüchtigen Männern den Tod gebracht.

ACHTUNDZWANZIGSTES KAPITEL

Als Mister Brygg endlich mit dem Studebaker in Reykjavik eintrudelte, zeigte es sich, daß der Wagen noch mehr gealtert hatte. Ja, er hatte die Grenze möglichen Alterns bereits überschritten, denn er wäre beim Verladen am Quai beinahe unter den alten Blechschrott geraten, der dort vom Krieg her gestapelt lag. Wir mußten ihn mit Draht zusammenbinden, ehe wir ihn mit dem Kran auf das Verdeck der „Dronning Alexandrine“ schwenken lassen konnten. Die Fahrt von Husavik nach Reykjavik war ihm schlecht bekommen. Auch Mister Brygg zeigte sich abgezehrt und ausgepumpt. Sowie wir die Fahrkarten hatten, legte er sich in die Koje und schlief.

Wir fuhren nach Kopenhagen zurück, wo ihn ein Auftrag erwartete, bei dem ich ihm helfen sollte. Die Meisterangel baumelte unter seinem Hut am Garderobenhaken seines Bettes. Die Strecke war karg gewesen. Lachse hatten wir nur von weitem gesehen. Forellen hin und wieder in der Hand gehalten. Doch gesättigt waren wir in manchem Betracht.

Und jetzt, wo die „Dronning Alexandrine" begann Fahrt zu machen und sich mit einem die Eingeweide durchstechenden Ton von Islands aschefarbenen Gestaden löste, jetzt konnte ich endlich in den Salon hinuntergehn und ungestört meinen Brief zu Ende schreiben. Den Brief, den ich auf der „Enigheden" angefangen hatte, die Zeilen der kleinen Sehnsucht, die Worte an Kirsten Michelsen, die sich jetzt vermengt hatten mit Dagny Torgaard und dem schönen Mädchen von Ytri Ranga. Die Sehnsucht, die sie in mir aufwirbelten, hatte mir Island kostbar gemacht. Daß ich ihrer keine tiefer kannte als von flüchtigem Ansehen her, hatte ihre Gestalten mit unverwischbarer Lieblichkeit umkleidet.

Und ihre Gesichter mischten sich in die große, alte Landschaft, die wir durch Haut und Auge, Fuß und Hand erkundet, getastet, erschmeckt, durchlitten hatten.